クィア・セクソロジー

性の思いこみを解きほぐす

中村美亜

Queer Sexology:
A New Perspective of the Body and Desire

Mia Nakamura

インパクト出版会

はじめに

この本のタイトルを見て「えっ、セクソロジー？　何それ？」そう思われた方も多いだろう。実際、私がセクソロジー sexology を専攻したと言うと、たいてい「？？？」という顔をされる。英語だからわかりにくいのかと思い、日本語で「性科学をやっています」と言うと、今度は「お医者さんですか？」と聞かれる。たしかにわが国には「日本性科学会」という、性に関心の高い産婦人科や泌尿器科の先生たちが多く所属している学会がある。しかし、私はセクソロジーの学位を取ったといっても、人文系（Doctor of Philosophy）で、医学系（Medical Doctor）ではない。

考えてみれば、日本にセクソロジストなんて名乗る人はほとんどいないし、日本にはセクソロジーを専攻できる大学もないのだから、「セクソロジー、何それ？」と思われても仕方がない。過日、何気なくインターネットで自分の名前を検索したら、「中村美亜って何者？　セクソロジストって何？　あやしい……」という書き込みに出くわした。それならいっそのこと、セクソロジーについて書いてみようというのが、そもそもの執筆動機である。

とはいっても、「セクソロジーとは何ぞや」と蘊蓄をたれる気は毛頭ない。本書で私が試みようとしているのは、性の教育・研究・ケアの現場に応用できそうなセクソロジーの基本姿勢やノウハウを紹介することである。それは、私の学んだセクソロジーが「学問のための学問」というよりは、「実学」であったこととも深く関係している。

私とセクソロジーとの出会いは、アメリカ留学中のことだった。当初は大学院で音楽学（音楽に関する歴史学・美学・文化人類学・分析理論）を専攻しながら、カルチュラル・スタディーズの応用に取り組んでいたが、滞米生活も六年を過ぎるころになると、「自分とは何か」ということを強く意識せざるを得なくなった。それは、どれだけアメリカ生活に馴染もうと、自分はアメリカ人にはなれないというジレンマや、日本人である自分がなぜ西洋音楽を研究するのかという問いかけ、それに、アメリカで生き残るためには、他人との違いをアピールしなくてはならないという現実的要請に起因していた。ところが、自分と向き合い、自分のユニークさを肯定できるようになると、それまでずっと抑え込んできた性に関するさまざまな思いが沸々と湧いてきて、最終的には、ジェンダー・アイデンティティ（性同一性）の問題として顕在化するようになった。

学業にも身が入らなくなり、私生活も破綻し、将来的展望を失い途方に暮れていた頃、ある友人が、インターネットでたまたま見つけたというユニークな学校を紹介してくれた。それが、サンフランシスコにあるセクシュアリティ研究センター（The Institute for Advanced Study of Human Sexuality）だった。自分の問題を何とかしなくては生きていけないという切迫感と、それまで秘めていた性についての強い探究心が、新しい土地で、新しいジェンダーで、新しいキャリアを歩むという暴挙に自らを駆り立てた。

実際、それは暴挙以外の何ものでもなかった。十分なお金も身寄りもないし、その上、外国人で性別不明ときたら、まともに社会生活が送れるはずもない。それまで、いかにのうのうと生きてきたかを痛感した。「生きることは、サバイバルに他ならない」――それを実地で学んだ。サンフランシスコではつらいことも多かったが、その分、喜びも大きかった。今では、それらのすべてが私の貴重な財産となっている。

セクシュアリティ研究センターへ行って何よりもよかったのは、セクシュアリティ（性的行動・欲望・幻想）は人それぞれであり、各人はそれが何であれ、大切に育む権利を持っているという基本理念を学んだことである。いわゆるセクシュアル・ヘルス（性の健康）やセクシュアル・ライツ（性の権利）の実践を徹底的に叩き込まれたことだ。私が学んだセクソロジーは、「性の病気」を治療したり、「性の問題」を更生するためのものではなく、性のさまざまな現実と向き合いながら、各人の性の権利を保障するためにはどうすればいいか、それを模索する現場重視の研究と活動だった。

また、性は決して身体内部で完結している生理現象ではなく、社会的、心理的、歴史的な要素が相互に交錯するところに存在することを学んだのも大きかった。とりわけ政治とは切っても切れない関係にあることを、エイズ・パニックを闘い抜いた人たち、ゲイ／レズビアン、トランスジェンダー、セックスワーカーなどの当事者活動に関わっている人たちから直接学んだことは貴重だったと思う。

このように私の学んだセクソロジーは、ミシェル・フーコーが批判した西洋近代における「性の科学」や、男女のセックス（性交）における快楽を追求するノウハウとして展開した「性の技芸」とは一線を画す。性の研究は、一九六〇年代の性の革命（sexual revolution）、それに続くフェミニズム（女性解放運動）や、ゲイ／レズビアンをはじめとするセクシュアル・マイノリティの権利運動にともなって大きな変貌を遂げており、本書で取り上げるのは、そうした新しいタイプのセクソロジーである。

さらに、私個人にとって重要なのは、それ以前に身につけていた音楽学のアプローチや、ジェンダー・スタディーズやポストコロニアリズムの理論が、セクソロジーと次第に交差してきたことである。特に人文分野で発達したクィア・スタディーズ（あるいはクィア理論）は、私元来のあまのじゃく的性格とうまくマッチしたこともあり、自身の研究や活動の重要な柱となった。

クィアというのは、元々「変わり者」という意味で、二〇世紀に入ってからは、主に性的な規範から逸脱している人（いわゆる「女性的な男性」や「同性愛者」など）に対する侮蔑語として使われていた。ところが、一九八〇年代、エイズ問題が深刻化し、そうした人々への不条理な偏見と露骨な排斥運動が再び広まる中、「クィア（変態）で何が悪い！　クィアであることに誇りを持とう!!」という当事者たちの運動がアメリカを中心に展開された。日本でも一九九〇年代後半、クィア・ブームが起こり、『クィア・スタディーズ』（七つ森書館）や、『クィア・ジャパン』（勁草書房）がシリーズ刊行された。

こうした運動と並行して、学問の世界でも、これまでの性に関する規範について考え直すための理論が高度に精緻化されていった。クィア・スタディーズは、例えば、ゲイが差別される時、「差別を不当！」と糾弾するだけではなく、「なぜ差別が生じるのか」、「差別を解消するには何を抜本的に改める必要があるのか」といった根源的な問いを発する。それは有益な示唆に富む豊穣な領域なのだが、残念ながら文章が難解になる傾向があり、現代思想になじみのない人には理解しづらい。せっかく蓄積された知がアクセス不能になっている現状が、私にはもどかしくてならない。

本書のタイトル『クィア・セクソロジー』に込められた思いは、以上のいずれをも含んでいる。まず、著者自身がクィアであることを、プライドをもって伝えていきたい。それから、これまで「常識」としてあまり振り返りもされなかった性の規範について考え直していきたい。また、クィア理論を応用しながらも、できるだけ身近な話題と平易な文章で表現していきたい。加えて、日本における既存の性科学に対して、もっと開かれたセクソロジーが実践されていく可能性を訴えていきたい、ということである。

＊

日本は近年、性に対してオープンになってきたといわれる反面、マス・メディアでは、相も変わらず、性の犯罪やスキャンダルが大々的に報じられ、教育の場では「〜すべき」という建前論が横行している。庶民感覚としては「性は本能だから仕方ない」という開き直り的な思いもまだまだ強い。そんな中で、ジェンダーやセクシュアリティという言葉が広まり、活動家や支援者、そして研究者が増えてきたのは、大変喜ばしいことだ。また、セクシュアル・ハラスメントや性暴力／性的虐待に対する認知度も高まってきており、共感の輪が広まりつつある。

ところが、そうした運動や研究に関わっていると、時折、言葉ばかりが先走っているのではないかと危惧を覚えることがある。「性の現実」を直視し、「性とは何か」という根本的命題に向き合うことなく、自分の性やからだに対する不満感や嫌悪感が転化された形で、活動が進められているように感じられることがしばしばあるのだ。このままでは生身の人間が疎外され、「性の思いこみ」が「真実」と誤認されたまま、運動（アクティヴィズム）や学問（アカデミズム）が発展していくという、おかしな状況になりはしまいか。

私は二〇〇三年に帰国後、ＨＩＶの陽性者支援や予防啓発をおこなっているNPO法人ぷれいす東京での研修・研究活動、男女共同参画センターやセクシュアル・マイノリティ関連施設でのワークショップ、性教育の教員対象のセミナーや、中学校や高等学校での性に関わる講演に携わってきた。最近は、主に大学の講義やゼミを通して若い人たちとの交流を続けている。

そうした活動を通じて、年齢性別や教育歴に関係なく、またマジョリティかマイノリティとも無関係に、性に対する理解が十分でないために、実は悩まなくてもいいことで悩んでいたり、人との関係がうまく築けなかったり、生きづらさを感じている人たちとたくさん出会ってきた。まずは、性について安心して語りあえる環境づくりから始めて、人々の思いこみを解きほぐし、性に対する知識や意識の底上げをしていかなくてはその先の研究やケアを実践するところにまでたどりつけない、と痛感した。

本書は、こうした私の思いから編まれたエッセイ集である。性に対する思いこみをゆるやかに解きほぐすことで、自分に対する自信を取り戻し、人といっしょに生きていく力を呼び覚ます、そうしたきっかけ作りができれば、ということを念頭に書かれている。

＊

全体は、四つの部分からなっている。最初の入門編では、ふだん「本能」や「愛」の一言で片づけられがちなセックスの思いこみを解きほぐしていく（第1章）。そして、サンフランシスコのセクシュアリティ研究センターで夏に開催される遊び心満点の公開ワークショップを紹介した後、少し趣向を変えて、音楽を通して性について考えてみる（第2章）。一見、全く別物のように思われる性と音楽だが、意外にも共通点がたくさんあるのだ。

基礎編では、まずバイセクシュアリティやSMなどクィア的視点からセクシュアリティの思いこみを解きほぐす（第3章）。ここで、ピンク映画の女性監督として有名な浜野佐知さんにご登場いただく。インタビューでは「セックスこそ男女共同参画」など、威勢のいい浜野節が炸裂。なんだか可笑しくてたまらないのだが、そこここに浜野さんの深遠な哲学が垣間みられるのが興味深い。それから、インターセックスや性同一性障害／トランスジェンダーを通して、混乱されがちなジェンダーの思いこみを解きほぐす（第4章）。

実践編では、二一世紀におけるセクシュアル・ヘルスの定義を紹介し、他者を他者としてではなく、自分の一部として取り込むセクシュアル・ヘルス推進のノウハウを共有していきたい（第5章）。そして、セックスのことはプロに聞くのが一番ということで、現役セックスワーカーのわたりさんにお話を伺う。インタビューでは、セーファー・セックスの奥義や、フェミニスト的なセックス実践など目からウロコの話が次々と飛び出す。

理論編では、まず一九世紀以降の性の研究の歩みをたどり、性の研究と政治や時代背景がどのように関係しているかを概観する（第6章）。そして最後に、今、性の何が問題なのかを再検討し、アートやクィアの人々の実践を紹介しながら、私たちが着手しなくてはならないことは何かを考えていく（第7章）。ここでは、私たちの〈からだ〉が、実は、国民国家や戦争、グローバル経済や医療テクノロジーとも密接な関係にあることを確認し、最近のトランスジェンダー研究の知見を参考にしながら、新しい性的な人間関係構築の可能性を展望する。

尚、本書は、性に関する入門書と専門書の橋渡し的な存在になることを企図している。そのため、本文の内容に関連した文献も適宜紹介していくことにした。興味のある方は、それらにも目を通していただけたらと思う（ただし、紙幅の都合上、割愛せざるを得なかった重要文献も多かったことをお断りしておく）。

近年、性暴力や性犯罪をはじめ、人工妊娠中絶、ＨＩＶ／エイズ、セックスレス、男女共同参画、セクシュアル・マイノリティなど、さまざまな性に関わる問題が取りざたされている。しかし、性を個別の問題として断片的にしか語らないために、本質的な議論が行われず、問題解決へと向かっていない気がしてならない。一般の人も、性の専門家の多くも「木を見て山を見ず」の状態に陥っている。性を、クィアな視点から包括的にセクソロジーとして捉えることで、新しいものが見えてくるのが実感していただけるのではないだろうか。

性の思いこみを解きほぐす

クィア・セクソロジー

目　次

基礎編

実践編

第5章
セクシュアル・ヘルス（＝性の健康）は誰のもの？……118

インタビュー②
わたりさん（セックスワーカー）……142
「気づかれずにゴムをつける術」

理論編

入門編

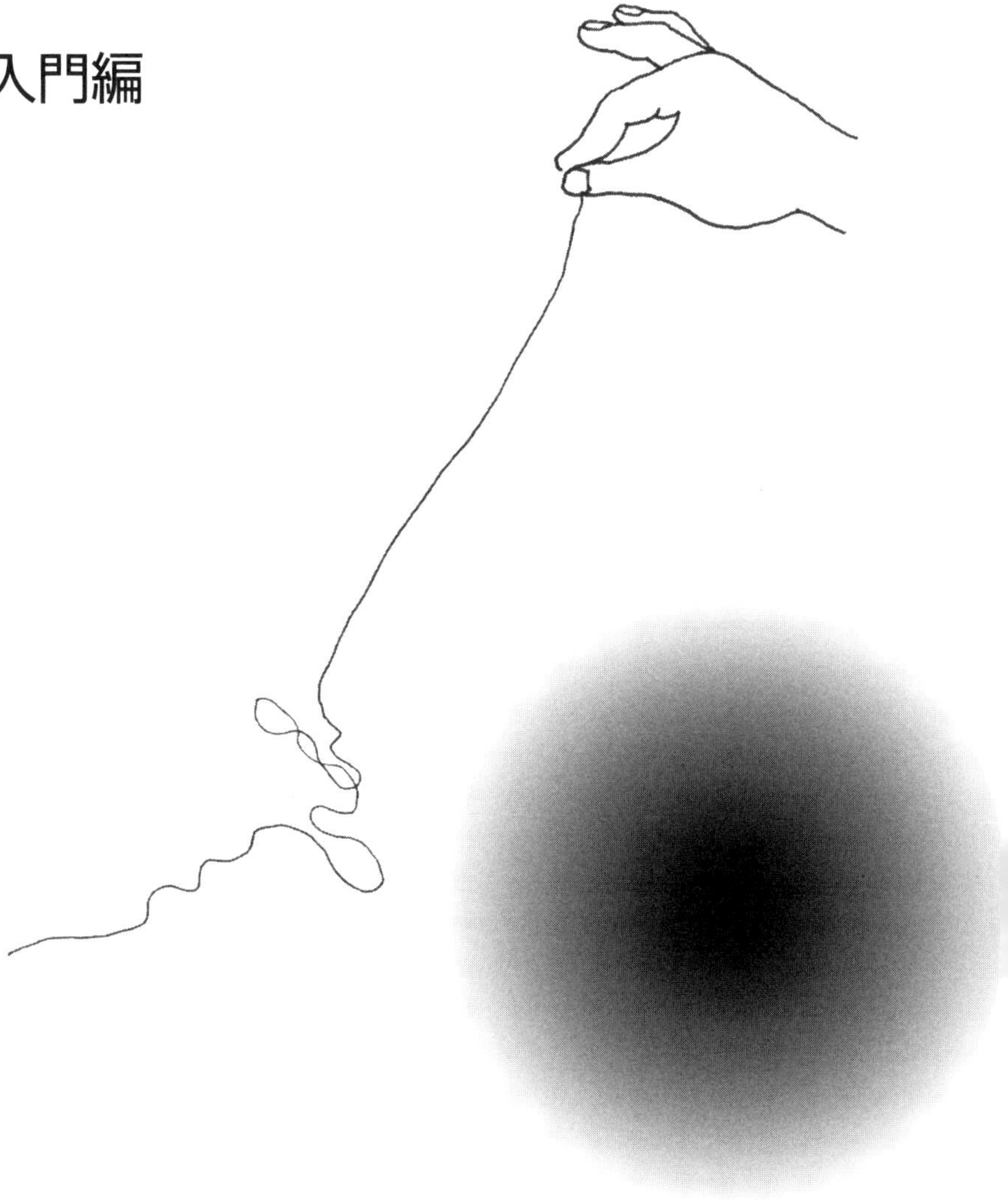

第1章

セックスの思いこみを解きほぐす

なぜセックスをするのか？

二〇〇八年が明けてまもなくの頃、東京池袋にある「AIDS《エイズ》知ろう館」で、若い女性対象のセックス・アサーティブ講座が開かれた（NPO法人ぷれいす東京の〝大人ぷ☆PEP〟が企画したシリーズ・ワークショップ第二弾）。アサーティブとは「相手の権利を侵害せずに、誠実・率直・対等な立場で自分の気持ちや要求、意見を表現すること」と告知文にある。私も前半の講義を受けもつことになり出かけていった。

まずは、スタッフによるアイス・ブレーキング（緊張を解きほぐすための簡単な遊び）。初めて顔を合わせた人どうしが性の話をするためには、このアイス・ブレーキングが欠かせない。この日は「人間知恵の輪」をやった。参加者全員が隣り以外の人と手をつないで知恵の輪を作った後、手を離さないまま解いていくというものだ。説明を受けた時は「何それ？　うまくいくの？」と思ったが、実際やってみると、周りの人とあぁだこうだ言いながら、からだをくねらせて知恵の輪をほどいていくのが楽しい。時には輪を解くために、アクロバット的な動きをする人も出てくるので笑いが止まらなかった。

場の雰囲気がなごんだところで、自己紹介に入った。十数名の参加者が、参加の動機や日頃の悩みを少しずつ共有した。さて、私の出番だ。まずは、セックスについての思いこみを解きほぐすことから始めることにした。「みなさん、どうして人はセックスをするのだと思いますか？　もちろん、子どもをつくりたい時にセックスをしますよね。それ以外では、どういう時に、何のためにセックスをしますか？」そう私は問いかけた。一人が口火を切ると、次から次へと意見が出てきて、あっという間にホワイトボードはいっぱいになった。

愛情表現。コミュニケーション。性欲の処理。（からだや癖など）相手のことを知る。女性性の肯定や確認。お金を稼ぐ。キレイになる。運動。関係性の確認。相手がやりたがっているから。（犬が自分のテリトリーにおしっこをするような）マーキング。自己解放。何人とセックスしたか自慢するため。脳への刺激。肉体に触れる快感。イク（オルガスムに達する）ため。イカせるため。一人前の大人であるということを示す儀式。エッチな映画を見たり官能小説を読むとやりたくなるから。寂しさや孤独感を紛らわすため。落ち込みから立ち直るため。クリスマスやバレンタインなど晴れやかなイベントがある時。久しぶりに会った時。お腹がいっぱいの時。すいている時。疲れた時。元気な時……。

これは二〇～四〇代ぐらいの女性参加者の場合の一例だが、男性の多いところで同じ質問をすると、だいたい次のような意見が出てくる。ムラムラするから。やりたくなるから。気持ちがいいから。本能だから。寂しいから。不安だから。好奇心。愛しているから。安心したいから。相手の全てを知りたいから。お金のため。セックスをしないと男になれないから。まわりの人がしているから。しないとカッコわるいから。枕営業のため……。このように男性が多いと、生理的な欲求不満に関連した発言が多くなる傾向にある。

ふだん「セックス」と一言で片付けているが、現実には、こんなにたくさんのニーズやイメージが存在している。セックスをするといっても、一方は「性欲のはけ口」に、もう一方は「愛情の確認のため」にしているかもしれない。あるいは、片方は「大人になるための儀式」と割り切って望んでいる一方、もう片方は「孤独感から救ってほしい」という強い願いとともにセックスしているかもしれない。思い返せば、私自身もこの手のすれ違いを何度も経験した。

セックスって何をすること?

私がセックスについて話す時には、「狭い意味でのセックス」と「広い意味でのセックス」という言葉を使うことにしている。狭い意味のセックスというのは、男性性器ペニス **penis** を女性性器ヴァギナ **vagina** へ挿入することを指す（以下では、頭文字をとって「PVセックス」という）。子どもをつくるのが目的なら、男性性器を女性性器に挿入して射精さえすればセックスは成立する。しかし妊娠を望まない場合でも、多くの人がこうした挿入行為のみをセックスだと思いこんでいるようだ。性教育や公衆衛生の場でも、避妊や性感染症予防が最大の関心事なので、性器どうしの接触、PVセックスばかりが焦点になる。

困ったことに、体のふれあいを楽しみたいだけなのに、挿入行為に応じないと「愛していない」ことになったりもするらしい。映画やテレビドラマなどメディアでは、二人の愛が高まってくると次はセックス・シーンというものが多い。しかし冷静になって考えれば、挿入しさえすれば、それで愛が深まるという単純なものでないことは明らかだ。肝心なのは、セックスを通じてのコミュニケーションがうまくできたかどうかである。もしセックスによって愛を深めたいのなら、愛が深まるようなセックスをしなくてはならない。

それだけの誤解ならまだいい。コミュニケーションのないセックスでは、得てして避妊や性感染症の予防対策が十分ではなくなる。現に私たちの社会では、（公にされることは少ないが）予定外の妊娠や性感染症への感染が日常的に起こっている。また、相手の気持ちをお互い勝手に解釈したままセックスをしているうちに不信感が積み重なり、性暴力へ向かうというケースもよくある。二人が異性どうしの場合は、「男と女は理解し合うことができない」という揺るぎない信念へと結実していくことも多いようだ。

それにPVセックスばかりをセックスと思っているから、同性の人どうしはどうやってセックスをするのか？　という疑問も湧いてくる。あるレズビアンの人が、この質問にこう答えていた。「ああ、それじゃ聞きますけど、男と女のセックスって何をするんですか？（笑）」と。もっと広い意味でのセックスにも目を向ける必要がある。

広い意味でのセックス

気持ちよさや親密さを大切にするならば、セックスで話題にすべきは、性器の接触よりも、からだのふれあいや相手とのコミュニケーションといった「広い意味でのセックス」である。どうしたら自分は、そして相手は、リラックスして気持ちよく感じることができるのか。それを互いに確かめ合いながら、コミュニケーションを深めていくにはどうしたらいいか。

恋人と外食をする時、どんなに仲が良くつき合いが長くても、まず「何食べようか？」、「どんな感じのお店がいい？」という話をするだろう。いきなり男性が女性を店に引き入れ、出てきた食べ物を相手の口に無理矢理押し込むことはない。女性も食べたいものを注文し、自分のペースで食事をするだろう。それでも二人は十分食事を楽しむことができる。むしろ、それぞれの行きたくない店を避け、お互い好きなものを食べる方が二人の満足度は高いだろう。

セックスだって同じはずだ。「どんなセックスをしたい？」、「避妊はどうする？」といったことを事前に話し合ったからといって、満足度が減るものではないだろう。もしそれで満足度が減少するとすれば、それは満足を感じているのはセックスに対してではなく、「相手を思い通りにしたい」

という支配欲や、「相手に頼りたい」という依存願望なのではないか。

私たち日本文化では、赤ちゃんと母親の関係を除くと、身体接触に大きな価値が置かれていない。セクシュアル・ハラスメントへの理解が広まってきたのはとても喜ばしいことだが、一方で、かなり誤って理解している若者も多い。まるで「人に触れるのはよくないこと」のように。そしてセックスにおいても、互いのからだにふれあうのは「前戯」とみなされ、面倒くさい通過儀礼のように扱われる。性器を挿入する／されることが満足へとつながる唯一の方法だ（あるいは、そうするものだ）と短絡的に考えてしまう。これでは、セックスに魅力を感じない人が増えるのも無理はない。

からだにふれあうというのは、互いの親密感を確かめあい、それによって心を開いていくという重要な行為である。手を握る、抱き合う、キスをするという常套句的な愛情表現でなくても、お互いにマッサージをし合うとか、いっしょに深く呼吸をするというのも、親密感や安心感を確かめ合うのに有効な手段だ。マッサージといっても専門的な技術はいらない。相手が気持ちよく感じるところにふれ、やさしく押したり撫でたりするだけで十分である。それだけでも体の緊張は十分にとれ、気持ちがだんだん開いてくる。また、抱き合いながら、深い呼吸を同時にすることで、一体感を感じることもできる。寂しさや不安は、こうした行為で解消されることも多い。

重要なのは、セックスの場における関係性であり、セックスという行為を通じて築いていく信頼感である。それまでに長い間つき合いがあったとか、いつも二人で仲良くしているということとは、必ずしも関係はない。安心・安全な環境を作り出し、それぞれのペースを尊重し、それぞれのしたいことを試みながら、ふだんはできない親密な行為を楽しむ。その結果、情緒的な欲求が満たされ、身体的な快感が得られる。また、それを通じて、相手とのつながりを確認したり、愛情を深めたりする契機にすることも可能になるのだ。

より充実したオルガスム（後述）を得るために欠くことができないだけでなく、それ自体ひとつのゴールと考えた方がいいだろう。身体接触はセックスそのものといってもいい。ところが、そうした柔軟な考え方を阻むものがある。それはセックスにおける「男女の性別役割」と「（狭い意味での）セックスは本能だ」という思いこみである。

セックスでの性別役割

二〇〇七年一二月に開かれた「男性性研究フォーラム」で、近年、若者の職業に関する性別意識や、男／女らしいという行動規範が変化してきたにもかかわらず、性行動をめぐる性別役割は旧態依然としている、ということが話題になった。

例えば名古屋市男女平等参画推進センターの調査（二〇〇五〈平成一七〉年度）によると、高校生（有効回答数二〇二九）の七割以上が「そう思う」または「少しそう思う」という項目として、「知的能力は、男女の差より個人差の方が大きい」、「体力が必要ない仕事では、男女に能力の差はそれほどない」などが挙がっている中に、「男性の性欲は、一般に女性にくらべて強い」というのが入っている。性行動に関する部分は、性別役割意識が変わらない聖域となっているようだ。

これは私が大学生と接している時に受ける印象とも一致している。セクシュアル・ヘルスに関する授業後に学生から持ちかけられる相談や、授業中に書いてもらうコメントを見るかぎり、①恋愛は女性が男性に尽くすもの、②性欲は男性の方が「本能的に」強い、だから③女性は男性の性的欲求に出来るかぎり応じなくてはならないという三段論法が、恋愛のお作法としてまことしやかに継承されている。

看護学専攻対象の授業でも、性欲について調べる課題を出すと、優秀な学生たちが「生理学の研究によると、男性はテストステロン（男性ホルモン）が多いから攻撃的な性欲を持っている」とか、「心理学の専門家によると、女性は性に関して受け身である」という発表を真顔でする。テストステロンが性行動に深く関与することは確かだが、それがどのように神経や脳に伝わり行動に移されるかは、まだ十分解明されていない [Bancroft 2002]。また、女性が性について受け身であるのは、そうするように言われているからそう行動している側面が強い。これは性的規範に関する歴史や文化研究から既に明らかになっている [Caufield 1985]。

なぜ性的行動には、性別役割に関する柔軟な思考が応用されないのか? よく日常会話で「本能」という言葉に出会う。例えば女性には「母性本能」があるとか、男性には「闘争本能」があるといった具合にだ。しかし、もし本能が、人間が学習をしなくても生まれながらに可能な行動様式だとすれば、母性本能も、闘争本能も、そういった意味での本能では決してない。セックスも然りだ。もし(狭い意味での)PVセックスが本能だとすれば、誰もが教えられなくても上手くできるはずだ。

性欲は本能か?

そもそも性欲とは何か? 一般には、性欲は生理現象と考えられている。しかし、これは大きな誤りだ。性欲は、生理現象であると同時に心理的・文化的産物なのだ。例えば、人の裸を見てはいけないと言われると余計に見たくなる。そう、「鶴の恩返し」の原理である。実際、ヌード・ビーチやヌーディスト・コロニー(ヌードで集団生活を送っている人たちの居住地)に行ったことがある人なら経験があると思うが、裸でいるのが当然という状況下では、裸を見たいという欲望は薄れていく。私も何度か滞在したことがあるが、そういう所に何日もいると、むしろ下着をつけるとか上着をはおるということが、何かとても欲情をそそる行為に見えてくる。つまり「服を脱ぐのを見たいという性欲」は、「服をまとうのを見たいという性欲」へと逆転するのである。このように、性欲は多分に心理的な効果によってもたらされる。

こうした心理的なしかけが、社会レベルで展開されると文化になる。例えば、江戸時代には、女性の首筋や足先が見えることが欲情をかきたてるものだった。日本の伝統芸能の一つである文楽（人形浄瑠璃）では、女性の人形には足がない。足は見せないものとされていたからだ。有名な『曾根崎心中』の一場面では、女性主人公の足が例外的に登場するが、それはエロティックな場面として映る（それは同時に死を決意する場面でもあるのが両義的であるが）。普段、女子高生の制服を始めミニスカートを見慣れている現代日本人には、ちょっと味わいにくい感覚である。

日米のポルノを比較しても、性欲が文化と関係していることは一目瞭然である。日本では女性の性器を公の場で見せることが禁止されているが、一九九一年頃から陰毛は禁止事項からはずれるようになった。すると陰毛が見えることが「エロい」ことになり、「ヘア解禁」や「ヘアヌード」などと騒がれ性欲の対象となる。しかし、（規制対象外の場所であれば）合法的に女性性器を写真や映像で見ることができるアメリカでは、陰毛は性器を覆い隠すものとして疎まれる傾向があり、ヌードモデルは陰毛を剃っていることが多い。しかし、剃るのが一般的になると、今度は陰毛に欲情する人が出てきて、"Natural"を売りにしたマニア向けのウェブ・サイトができたりする。日本のポルノ映画での「ああ、いやん、やめて……」という女性の高くか弱い声は、アメリカのポルノ映画では、まず聞かれない。主流は、かなり低めの叫び声で"Oh, yes! Oh yeah, Come on!"（ああ、そこ。そう。来て！）だ。

日本のポルノでも、数年前のものと比較してみるといい。いかに、その時々の時流に合わせて、そうした欲望を生み出す装置が作り出されているかがわかる。つまり、本能というよりも、私たちの心理や文化が、生理現象とともに作り出している欲望の形態なのである。こうした「発情装置」は、私たちが無意識なところで日々稼働していて、知らないうちに刷り込まれていく［上野1998］。

ここで注目すべきは、これまでのさまざまな性行動に関する調査で、性について禁止事項を多く持っていて、性欲を自分でコントロールできない「本能」と考える傾向にある人ほど、避妊行動がとれなかったり、暴力的なセックスしかできなかったり、同性愛に不寛容だったりするという結果が出ていることだ［Fisher 1998］。何かが「本能」になってしまうと、誰もそれに抗うことができなくなってしまう。自分の体を自分の力でコントロールできるという自己効力感（セルフ・エフィカシー）が欠如し、他の人に対しては暴力や排除でしか対応できなくなる。つまり、自分の頭を使って、自分で考えることができなくなるのである。

愛と暴力は紙一重

私が若者に向かって、「愛し合っているどうしだからセックスをするとか、セックスをすれば愛が深まるとか信じ込んでいる人、それは間違いですよ！」というと、必ず「そんなはずはない」と反論される。セックスは愛している人とするものであり、愛の結晶がセックスであると、メディアや教育や芸術によってさんざん刷り込まれているのだから、そう考えるのも無理もない。

そういう時は、まず「あなたの人間関係チェック」をしてもらう。以下はDV（ドメスティック・バイオレンス）があるかどうかをチェックするために沼崎一郎さんが作成した項目［沼崎2002］の一部だが、少し文言を変えて、すぐにそれとはわからないようにしておく。左欄には、

・うまくいかないことがあると、すぐに私のせいにする
・私が一人で外出していると、しょっちゅう携帯に電話してくる。
・私が他の友人や家族と交際するのを嫌がる。
・いつも相手の機嫌をそこねないように気を配っている。

といった項目を列挙する。また右欄には、

・相手に大声を上げたことがある。
・相手には自分だけを見ていて欲しいと思う。
・相手の携帯をこっそりチェックしたことがある。
・相手が自分と同性の友人と話をしていると気になる。

といった項目を挙げておく。

自分の人間関係についてチェックをしてもらったところで、「愛し合っているって、どういうことでしょう」と話を始める。「よく『好きな人は、自分の思いをかなえてくれる』とか『好きな相手の思いはかなえてあげるもの』と言われますね。でも、もし相手は何でも自分の思いを聞いてくれるものだと思って、いろいろ無理なことを頼んだり、自分はやりたくないことでも我慢してやってあげたりしたら？　これって、〝愛〟ではなくて〝暴力〟じゃないですか？」と言うと、ぎくっとした顔をされる。

最近ようやく、デートDV（恋人どうしなどの親しい関係の中でおこる暴力）が可視化されるようになってきた。二〇〇六年に内閣府が発表した報告（「男女間における暴力に関する調査」）によると、交際相手がいたことのある二〇歳代の人で、身体的・精神的・性的暴力を受けたことのある人は、女性で二二・八％、男性で一〇・八％。二〇〇三年に高校生の性被害を調査したものでは、女子のレイプ未遂に遭遇した人の割合が一三・五％、レイプされた経験がある人の割合は五・三％、また、男子でもレイプ未遂が一・五％、既遂が二・七％という結果が出ている［野坂2004］。

デートDVの中でも、特に合意がないのにセックスを一方的に押しつけることを「デート・レイプ」と呼ぶ。レイプというとびっくりしてしまう人もいるかもしれないが、力づくでセックスを強要することだけを意味するのではない。例えば「セックスしないっていうのは、愛してないってことでしょう。それなら別れてやる！」といった言葉による脅しや、相手がお酒を飲んで酔っぱらって判断力が低下しているところで、合意を得ることなくセックスをすることもデート・レイプに含まれる［日本DV防止・情報センター2007］。

しかし、合意の上でのセックスでも「愛」と「暴力」の混同はよく生じる。例えば、「愛があればコンドームなんていらない」といったものがその最たるものだ。子どもをつくる予定がないのに避妊をしないでセックスをしたり、HIVなどの性感染症予防をしないでセックスをすることは、どう考えても「愛のためのセックス」とはいえないだろう［沼崎2006］。

以前、講義のゲストでお呼びしたデルタG［http://www.delta-g.org］のミヤマアキラさんは、竹村和子さんの『愛について』［竹村2002］の一部をわかりやすく紹介しながら、ふだん私たちが「愛する」と言うときの対象は、実は「相手」ではなく、「相手」の上に投影した「自分の理想の人」だと、ユーモラスなイラストを描きながら話してくれたことがある。

そんな「愛」ならセックスには必要ない。必要なのは、「愛」よりも、これから行うセックスについてお互いが合意できているかどうかであり、少なくともその合意事項に限っては自分や相手が守ることを信頼できるか（あるいは、故意にせよ不慮の事故にせよ「守られない」事態が発生したとしても自分がうまく対処できそうか）どうか、ということに尽きる。［参考：沼崎2004］

セックスレスで何が悪い！

いつからセックスレスは、由々しき問題となったのだろうか？　一九九四年、精神科医の阿部輝夫先生が次のような定義をおこなった。「特殊な事情が認められないにもかかわらず、カップルの合意した性交あるいはセクシャル・コンタクトが一ヶ月以上なく、その後も長期にわたることが予想される場合、セックスレス・カップルのカテゴリーに入る」[阿部2004：18-19]。この「セックスレス」という診断基準策定の背後には、セックスをしない関係に悩みながら阿部先生のクリニックに訪れる人たちに、保健診療で応じることができるよう配慮したこともあったのでは、と推察される。

ところが、マスコミはこれを面白おかしくとりあげ、世間はこの言葉に踊らされた。まるで、月に一度以上、PVセックスをしなかったら、カップルではないかのように！　しかし、阿部先生の本を読むと、ここでいうセックスとは、私の言う「広い意味でのセックス」であることがわかる。からだのふれあいやペッティング、ボディ・コンタクトがある場合は、セックスレスにはならないと、明言されている。

そもそも、万人に共通な性の尺度など存在しない。セックスを一ヶ月に何度しようと、あるいは一度もしまいと、本人が望んでいるのならば、それで問題はない。映画『愛についてのキンゼイ・レポート』（詳しくは後述）では、次のようなユーモラスな場面がある。人々の性体験を調査するシーン。まずは、地味な服を着た若い淑女が出てくる。

調査者「セックス（性交）の頻度は？」
女性「二～三回。」
調査者「月に？」
女性「いいえ、一日にです。」

ここで、映像が編集されて、別の人へのインタビューになる。今度は、スーツを着た中年の男性だ。

調査者「どれくらいの頻度で、オルガスムを経験しますか？」
男性「一度です。」
調査者「一日にですか？」
男性「いいえ。たった一度です。……二〇年ぐらい前でしょうか。ピアノの椅子にすわって、音楽を聴いていた時のことです。」

セックスについての体験や思いは、人それぞれだ。

セックスレスが唯一問題になるのは、セックスをしたいと思っているのに、それができない時に限られる。セックスをしたくても自分ができない場合か、セックスをしたくても相手が望まない場合である。前者の場合は、専門家の判断をあおぐ必要がある。身体の機能がうまく働いていないからか？　薬の副作用のせいか？　ストレスや他の心理的な要因とリンクしているのか？　性に対する恐怖心や嫌悪感があるのか？　まずは問題の所在を確認し、それに見合った対処をする必要がある。

後者の場合は、問題が少し複雑である。セックスレスと騒がれると、セックスを望まない方に非があるように感じられるかもしれない。また、昨今話題になっている少子化問題が、セックスを望まない人に対して大きなプレッシャーも与えてもいるようだ。もちろん、セックスをしたい側の気持ちも尊重しなくてはならない。しかし、だからといって、したくない側ばかりに責任を押しつけるのはおかしい。

先日、一人の若い女性が私のところに「最近、性欲がなくて、セックスレスなんですけど……」

と相談にきた。よくよく聞いてみると、しばらく前に人工妊娠中絶をしたが、その時の相手が、最近以前のようなセックスを迫ってくるようになったのだという。それでは、性欲がわかないのも無理はなかろう。むしろ、それはデートＤＶだ。この場合、問題なのは、セックスレスではなく、二人の関係性である。

セックスレスで重要なのは、両者がまずはセックスについて会話を交わし、お互いの気持ちについて理解し合うことだ。その際、まわりの人たちがどういう頻度でセックスしているかは問題ではない。場合によっては、セックスをしないことが、愛情表現になることだってあるのだから。「セックスレスは問題だ」ではなく、「セックスレスがなぜ問題なのか」から考えていく必要がある。

セックスの話が愛の話に?!

映画『愛についてのキンゼイ・レポート』は、世間の関心をほとんど集めることなく、二〇〇五年の夏、ひと月に満たない興行期間で幕を閉じた（ＤＶＤでは入手可）。この映画は、セクソロジーの分野で、歴史上最大級の貢献を果たしたアルフレッド・キンゼイ（一八九四―一九五六）の生い立ちや業績を生き生きと描きだしている［Brancroft 2005］。ビル・コンドン監督、リーアム・ニールソン主演による見応えのある映画だった。

性が宗教や社会的規範によって抑圧され、人々の性行動がほとんど知られていなかった時代、キンゼイは、全米で約一万八千人の性体験を一人ずつ聞き取り調査し、二巻から成る「キンゼイ・レポート」を発表した［Kinsey et al. 1948; Kinsey et al. 1953］。人間の性の多様性を浮き彫りにしたこのレポートは、全米を震撼させ、一大スキャンダルを呼び起こした。

キンゼイ・レポートが明らかにした主な点は、次のようなことである。

(1) セックスの多様性 …… 性交の頻度や方法は、人によって千差万別である。動物と性交をする人もいる。また、性器の挿入以外にもさまざまなセックスがある。

(2) マスターベーション …… マスターベーションは無害である。性交の代償行為というよりは、性的快楽を得る別の性行動である。性交でオルガスムを得る練習にもなる。

(3) 同性との性体験 …… 約五〇%の男性、約二八%の女性が、同性と何らかの性的体験がある。同性愛と異性愛は、生まれながらに決定されるものではなく、変化しうるものである。また、同性愛と異性愛は、明確に区別されるものではない。

(4) 「正常な」セックス …… 従来の性に関する「正常／異常」という区分は、宗教や慣習といった非科学的根拠によっている。人間の性行動は、愛や貞操といった言葉で語り尽くされない。**[参考：Brecher 2000]**

同性との性体験に関する数字は、その後の調査ではもう少し低く出る傾向にあり、キンゼイ・グループの調査方法にはいくつかの限界も指摘されている。しかし、大筋としては、性の研究についての画期的な業績であり、今日にも有益な示唆が数多く含まれている。

ところが、日本ではこの映画は、キンゼイと彼の妻の愛の物語として紹介された。原題の **"Kinsey : Let's Talk About Sex"**（キンゼイ――セックスについて語ろう）は、『愛についてのキンゼイ・レポート』と変更され、映画は「膨大な性行動の調査を通じ、愛はセックスよりも尊いことを発見したキンゼイの物語」として宣伝された。性を既成の価値観に縛られることなく、現実に即した科学的な視点から捉え直すことを厳然と主張したキンゼイを描いた映画が、日本では、なんと「愛はセックスより尊い」という一言で片づけられてしまったのである。アメリカでキンゼイの流れをくむセクソロジーを学んだ著者にとって、これほど残念なことはなかった。

キンゼイが半世紀前に全世界に示したのは、宗教や社会的規範による誤解や偏見に惑わされず、人々の実際の性行動を直視することからこそ、性の健康や権利についての有効なアプローチが生まれるということだった。愛はセックスを超越するという恋愛至上主義によって、性への科学的なアプローチが看過されてはならない。「愛があればセックスは素敵なものになる」という言説がどれほど多くの弊害を生んでいるかを考えてほしい。愛があっても、エイズを含む性感染症の予防はできない。予定外の妊娠も防ぐことはできない。互いに満足のいくセックスもできるとは限らない。

にもかかわらず、最近わが国では、「性を語らなければ、性の問題は生じない」というとても素朴で、まったく現実的根拠に欠く性教育バッシングが横行している。今必要なのは、むしろ、キンゼイの偉大な功績を再認識し、科学的な視点から性を考え直していくことではないのだろうか。

海外レポート

セクソロジー・ワークショップ

一週間セックス漬け?

セクソロジーを一つの学問体系というよりも、性のさまざまな営みを肯定的に捉え、各人の性の権利を保証するための視点を提供するものとするならば、その基本を学ぶことは、性について考えたり、教育・研究・ケアに携わる全ての人にとって有用ではないかと思う。

といっても、必要なのは知識だけではない。自分の持っている性への意識を相対化し、それとどうつき合っていくかを学ぶことである。こうした「気づき」のないところで、いくら教育や研究、ケアを実践したとしても、それは土台のないところに家を建てるようなもので、バッシングされればすぐに揺らぐし、人を助けるといいながらも、自分の偏見を押しつけることになってしまう。

サンフランシスコのセクシュアリティ研究センターでは、毎年夏にＳＡＲ《サー》と呼ばれる一週間の公開ワークショップが開催される。ＳＡＲというのは、Sexual Attitude Restructuring（あるいはSexual Attitudes Reassessment）の略で、性に対する姿勢や態度を再構築するという意味だ。学内者だけでなく、一般参加者も募って実施されるこのワークショップには、「みんなで楽しく体験学習しましょう！」といったサマー・キャンプに近いノリがある。

SARは、セクシュアリティ研究センターの前身であるナショナル・セックス・フォーラムで一九六八年に生み出されたユニークなプログラムだ[National Sex Forum 1973]。当時としては斬新な試みであったため、相当、批判やバッシングも受けたが、その有効性はすぐに広く認知されることとなり、一九七〇年代半ばには、性教育指導者養成の場や一部の医学部でも積極的に取り入れられるようになった。プログラムの実施期間や内容は、適宜修正が加えられるようだが、SARの基本理念は、現在も全米各地で受け継がれているといっていいだろう[Bullough 1994; Reiss 2005]。

その基本理念というのは、自らの性に対する先入観に気づき、それをより偏見のないものへと再構築するために、さまざまな性的指向・嗜好をもったゲストたちの体験を共有したり（当事者性の重視）、あからさまな性的描写を含む映像資料を視聴して、自分の性に対する感覚をいったん麻痺させること（脱感作）である。

私が参加したのは、二〇〇一年に行なわれた第四一回SAR。その概要を示すと、次頁の表（表1）のようになる。

このようなさまざまな体験を通じて、SARは、性に対してこれまで持っていた先入観をいったん取り払い、価値観を再構築するよう参加者に促す体験型ワークショップである。しかし、これは、参加者に対して、どんな性行動も受け入れ、それを愛好せよと言っているのではない。大切なのは、参加者が、それぞれの性行動に対して現実的な認識をもつことであり、その上で、自分がどこまでなら受け入れることができるかという限界を知ることである。

体験の共有から

SARでは、さまざまな性行動を実践している当事者をゲストとして招く。二〇〇一年には、レズビアン、ゲイ、バイセクシュアル、トランスジェンダー、セックスワーカー、高齢者、身体障害者の人たちが招かれた。これらの多くはパネル・ディスカッション形式で、三人前後のゲストが一人約一五分ずつ自らの体験や思いを話した後、フロアを交えたディスカッションとなる。SMのセッションでは、ゲストが皆の前で実演を披露してくれた。では、なぜSARは、当事者をゲストに呼ぶことにこだわるのか？　先生の講義や教科書の学習では不十分なのだろうか？

世の中には、性に対するネガティブな見方が蔓延している。テレビのお笑い番組では、「おれ、ゲイちゃうねん」

表1）

曜　日		形　式	テ　ー　マ
土曜日	午前	講義	イントロダクション
	午後	ディスカッション	マスターベーション
		ディスカッション	ファンタジー
		パネル	レズビアン
		パネル	ゲイ
	夜	グループ	プロセス・シェアリング
		パーティー	懇親会
日曜日	朝～昼	イベント参加	プライド・パレードに参加／見学
	夕方	ディスカッション	パレードについてディスカッション
		グループ	プロセス・シェアリング
月曜日	午前	ゲスト・トーク	身体障害者とセックス
	午後	ディスカッション	セーファー・セックス
		パネル	セックス・ワーカー
	夕方	映像	“ファックラマ”（「セックス三昧」）
		グループ	プロセス・シェアリング
火曜日	午前	講義	タッチ（からだにふれあうこと）
	午後	ワーク	社会的・性的反応周期
		ディスカッション	青少年のセクシュアリティ
		パネル	バイセクシュアル
	夕方	実習	マッサージ
水曜日	全日	イベント	学長のプール付き別荘で遊ぶ（衣服着用自由）
		グループ	プロセス・シェアリング
木曜日	午前	ワーク	セーファーセックス・ワークショップ
	午後	パネル	高齢者とセックス
		実演鑑賞	ＳＭ
		グループ	プロセス・シェアリング
	夜	イベント	“センソリウム”（「官能のお化け屋敷」）
金曜日	午前	パネル	トランスジェンダー
	午後	グループ	プロセス・シェアリング
		ディスカッション	クロージング

とか「尻たたかれるの好きだなんて、お前は変態か!」というようなセリフがよく聞かれる。私たちは知らず知らずのうちに、こうしたネガティブな見方に慣らされてしまっている。いったんネガティブなフレームワークができてしまうと、偏見から逃れるのは容易なことではない。なぜなら、新しく取り入れられた情報も、ネガティブな視点からしか捉えられなくなってしまうからである。

しかし、ゲイの人から直接、「どうやってゲイと自覚するに至ったか」とか、「カミングアウトでどんなつらい目にあったか」とか、「ゲイであることがいかに幸せか」というような話を聞かされると、それまで自分とは縁遠かった話が不思議と身近なものとして感じられるようになる。それは、彼らの話しぶりや、質問に対する答え方を通じて、彼らがどうやって世界と接しているかが見えてくるからだ。つまり、話を聞いている側も、彼らのフレームワークでものを見ることができるようになり、それによってゲイの人たちに対する先入観から解放されるのである。

さらに、第三者の話や本では、ゲイのステレオタイプしか示されないことが多いのに対し、複数の当事者のトークから、ゲイというものが、それほど単純に言い当てられるものではないことがわかってくる。当事者たちの思考過程やアイデンティティに対するゆらぎ、パネリストどうしの意見の相違といった、いわば「行間」の部分が見えてくると、それまで漠然としていて、どう自分の中に位置づけたらよいかわからなかったことがうまく整理される。あるいは、無理に整理する必要はないということに気づくようになる。

一方、SMに関していえば、普段、それが何かということすら話されることが滅多にない。しかし、熟達したSMプレイヤーが互いを気づかう様子、そして、安全への配慮も含めて真剣にプレイに望んでいる光景を目にすれば、それがレイプや暴力とは似ても似つかぬ、深い信頼関係を前提としたロール・プレイングであることが即座に理解されるだろう。それは「人をいじめる」という行為とは全く別種の親密さや愛情の表現である。その場の張りつめた空気がそれを教えてくれる(詳しくは後述)。

実際に体験を共有することで、私たちの意識や態度は変化する。もちろん、拒絶反応を起こすこともあるが、適切な準備とフォローアップがされた場合は、その場に居合わせることによって自分の価値観が相対化される効果は大きい。一九九三～九五年にかけてニューヨーク大学のヒューマンセクシュアリティ・プログラム(大学院修士課程)に参加したかじよしみさんも、これに似た例を紹介している。一緒に参加した学生に、以前夫から暴力を受けたことのある女性がいた。その女性はＳＭについてずっと嫌悪感を持っていたが、安心して見学できる状況の下、ＳＭを実際に見る機会を得たことで、自分が暴力を受けた体験を客観的に捉え直すことができるようになったそうだ［鍛冶2001］。

当事者の生の声を聞く。それは、固定観念を打破する効果的な方法である。それまで縁遠かった存在が、自分の知っている身近な人の話となり、当事者のフレームワークでものが見られるようになる。また、一元的にしか理解されなかったものが、より多様なものとして、つまり、より現実感のあるものとして見られるようになる。そして、「百聞は一見に如かず」。言葉では理解不能なことも、五感で体験すれば、するっと落ちてくる。ＳＡＲが、耳学問ではなく、体験の共有から学ぶことを奨励している理由がおわかりいただけただろうか?

日本でも、JaNP+（Japanese Network of People Living with HIV/AIDS）などがＨＩＶ陽性者のスピーカー派遣を始めている。セクシュアル・マイノリティの団体も講演者を積極的に派遣するようになってきた。ただし、ゲストを招待する場合には、その人たちに精神的な負担をかけないよう細心の配慮をする必要がある。また、一方的に話を聞くだけでなく、直接対話をする場を設けることも重要だろう。ヨーロッパでは、欧州評議会の一事業として「生きている図書館——人を見た目で判断するな!」（Living Library）という試みが広がりつつあるようだ。図書館で、人が書いた本を読む代わりに、普段話す機会の少ない人と直接対話をするという試みだ。［参考：砂川&Ryoji2007］

ポルノ三昧!

当事者性とならんで、ＳＡＲにとって欠かせないものに脱感作《だつかんさ》（desensitization）がある。これは「感覚をいったん麻痺させる」という意味。ＳＡＲで使われる場合には、「強烈な刺激を受けることで、いったん無感覚・無反応な状態になること」を指す。日本語の「ショック療法」に近い言葉である。

この脱感作アプローチをＳＡＲでもっともよく表しているのが、悪名高い「ファックラマ」だ。「ファック」は、セックスの俗語。「ラマ」は、パノラマやジオラマの「眺め」という意味である。日本語にするなら、さしずめ「ポルノ三昧」といったところか。実際、ファックラマでは、正面の大きなテレビモニタ二台、その上の大きなスクリーン、そして正面から側面への斜めの白い壁（左右）に、ビデオや映写機から一〇の動画と、二つのスライドが映し出される。もちろん、すべてがセックスシーンである［Vandenvoort & McIlvenna 1975］。

ただし、「ポルノ」といってもいろいろある。ヘテロセクシュアル（異性愛）だけでなく、ゲイやレズビアン、トランスジェンダー、一〇代の若者どうしのものもあれば、高齢者、妊婦、身体に障害を抱える人たちも出てくる。ＳＭ系や、フェティシュ系、スカトロ（排泄物愛好）系もある。もちろん、白人だけでなく、黒人、アジア人などいろんな人々が登場し、古今東西のセックスシーンが一堂に会すといっても過言ではない。

ただし、すべてのセックスシーンは、数十秒のうちに、次のセックスシーンへと切り替わる。一〇の全ての画面で、これが別々に起こるのである。どこへ焦点をあてていいのかわからないうちに時間は経っていく。一つ一つのシーンに感傷的になったり、考えこんだりする暇はない。あれよあれよという間に、五〇分間セックスの描写を浴び続けることになる。（しかも、BGMはチャイコフスキーの《ヴァイオリン協奏曲》だ。チャイコフスキーが同性への想いに苦悩していたこともサブテクストになっているのだろうか。もっともそんなことを考えるのは、私だけかもしれないが。）

参加者は、強烈なセックスシーンを目の当たりにすることで、感覚が麻痺したような状態になるが、上映後、じっくり時間をかけながら体験を振り返ることで、自分の性に対する態度を再構築していく。そこで重要なのは、自分にどういう偏見があるか「気づく」ことであり、そして、どこまでのセックスなら自分が受け入れられるか「知る」ことである。そうすることによって、性に対するより柔軟な態度を獲得していくのである。

もう一つ大切なのは、セックスのことなら、何を見ても、聞いても驚かない免疫をつけることである。もしけがをして病院へ行ったのに医者に驚いたような顔をされたり、見るに耐えないような顔をされたらどう感じるだろう？　そんな医者は信頼できないと思うのではないだろうか。性の専門家も同じである。どんなセックスを見聞きしても動じてはならない。現場でショックを受けないように、訓練の段階で極端な状況に身を置く。これがファックラマのもう一つの目的である。

ファックラマの強引なアプローチには、これまでも多くの批判がなされてきた [Reiss 2006]。私も実際ファックラマの後で批判を述べた。正直言って、もっと過激なものを予想していた私にとっては、ファックラマはそれほど刺激的なものではなかった。しかし、誰もがそう思うわけでもない。嫌な人だっているだろう。そういう人にまで強引に見せ続ける必要があるのか？そう発言した記憶がある。しかし、ファックラマに代表される脱感作アプローチが、性に対する「偏見の打破」や「新しい価値観の創造」に効果的であることは、私も十分理解した。人はショックによって、多くのことを学ぶ。

私は、数年前、ある地域の保健所が主催する養護教員や保健師を対象にしたセミナーで、瞑想的な雰囲気の中で女性一一人の性器が淡々と映し出されていくユニークなビデオ『禅まんこ』Zen Pussy（アニー・スプリンクル制作）を使ったことがある。参加者全員が専門職の女性ということもあり、安心して見せることができた。反発を覚えた人もいたかもしれないが、多くの方から「自分の性器を大切にしていなかったことに気づいた」という意見をいただいた。自分の性器に嫌悪感を持っている人が、他人の性について指導やケアをすることは難しいだろう。まずは自分から、である。

プロセス・シェアリング

SARでは、ほぼ毎日、一日の終わりに小グループに分かれて「どういう気づきがあったか」という話し合いがもたれる。つまり、SARの内容を消化吸収する過程（プロセス）を、グループの仲間と共有（シェア）し合うのである。これをプロセス・シェアリングという。この小グループは、SARの期間中同一メンバーで構成され、各グループには経験豊かなリーダー（ファシリテーター）が配属される。話し合いでは、SARで体験したことだけではなく、過去の個人的体験も共有されることが多い。

プロセス・シェアリングでは、まず「グランド・ルール」が確認される。グランド・ルールは、日米を問わず共通で、(1) 守秘義務を守る (2) 他人の意見に価値判断を下さない (3) 自分のペースで話をする、ということが基本だ。このようにグランド・ルールを確認することで、グループ内で安心して、個人的な体験をシェアし合える環境を作る。ちなみに私が普段ワークショップや授業をする時にも、具体例を挙げながらグランド・ルールを説明し、参加者の合意を得てから開始するようにしている。

話し合いで大切なのは、各参加者がSARを通じてどんなことに気づき、どのように感じるようになったかというプロセスを言語化することである。言葉にすることで、自分の中で掴みどころのなかったものが、形となって見えてくる。例えば、ファックラマを見終わった時、多くの参加者は、心の中がモヤモヤしたものでいっぱいになる。そうしたモヤモヤした気持ちを言葉に置き換えることで、一つ一つ自分の気持ちを整理していく。

また、言葉にすることで、それを他人とシェアすることが可能になる。他人との意見交換は、理解を深めるのにとても役立つ。例えばプライド・パレードに参加した体験は、人によってそれぞれである。一つの出来事についても、「私は～と思った」と言った後で、他の参加者から「でも私はむしろ～と思った」とか、「僕は自分が当事者だから～と感じた」などと意見を交換するうちに、自分の考えが深まっていく。単なる思いつきだったものが、しっかりと根の生えたものになっていく。

さらに、プロセス・シェアリングは、カタルシス（浄化）の場として機能することもある。SARへの参加を通じて、過去に性的な暴力を受けたことや、中絶を経験したこと、性感染症にかかった体験などが蘇ってくることがある。何日にも渡って、同じメンバーと意見を交換していると、心の中に溜め込んでいた思いを仲間に話してみたくなることもある。そうした時に、まわりの人が批判的にならずに話を聞いてくれると、膿がとれたようにすっきりした気持ちになる。

また、他人に話を聞いてもらうことは、自分にとってのエンパワメント（力を与えること）ともなる。受け入れられることで、「自分はこれでいいんだ」というセルフ＝エスティーム（自己肯定感）が高まり、次からの行動に自信がわいてくる。自分の過去の体験と、今ある自分との間の距離感をうまくとることができるようになるからだ。

小グループでのプロセス・シェアリングは、参加者全員の場ではできない、きめ細かいフォロー・アップをする貴重な場である。心の中にあるモヤモヤした気持ちを言語化し、それを他人とシェアすることで理解を深める。また、互いを受け入れることで、互いのエンパワメントをうながす。プロセス・シェアリングは、SAR（＝性への態度を再構築すること）にとってなくてはならない大切な作業なのである。

しかし、大人数の場で、こうした作業が全くできないということはない。実際、私は講義や大規模ワークショップでも、プロセス・シェアリングの手法を応用している。視聴覚資料を観たり、普段聞き慣れない話を私から聞かされたら、当然、受講者は誰かに話したくなったり、自分の心の中で考える時間が必要になるだろう。いろんな感情が渦巻いてくるのに、ずっと黙っているのは大きな負担だ。それに、すぐに次の話を話されても、頭に入ってこないか、前の話をすっかり忘れてしまうかのどちらかである。そういう時のために少し何をしてもいい時間を設けることは効果的だ。

特に日本の場合は、自分の考えを述べる訓練がされていない人が多いので、授業等でいきなり意見を求めても、なかなか答えが返ってこない。しかし、まず自分一人で考えメモをとる時間を与え、その後周囲の人と話をするよう促した後で、何か意見はないかと聞いてみると、意外に反応がある。自分の意見ではなく、話し合いで出た意見を伝えることで、発言者の負担感を減らす効果もあるようだ。

官能のお化け屋敷

SARの集大成ともいえるのが、最後の夜に行われるセンソリウム（官能のお化け屋敷）である。これは、**sense**（感覚）と**-rium**（館）を合わせた造語であるが、実際、各教室にはさまざまな仕掛けが施され、学校は「感覚の館」へと生まれ変わる。

遊び心いっぱいのこの企画では、参加者は「自分がセクシーだと思う格好」で登場することになっている。イケてる露出系の格好をする人もいれば、ボディ・ペインティングを施す人、おとぎ話のキャラクターのような仮装をする人もいる。待合室で、各々の趣向を褒め合いながら盛り上がっていると、使者が現れ、参加者一名の名が告げられる。使命された者は目隠しされ、いよいよセンソリウムへと足を踏み入れることになる。

中では、スタッフ（教員、グループ・リーダー、ボランティア）が、それぞれの持ち場で待機。一人ずつやってくる参加者の五感をさまざまな方法で刺激する。どんな方法をとるかは、すべてスタッフの独創性に委ねられる。前もって仕掛けを作り、ある程度シナリオを考えてはおくが、あとは即興。その時の気分と参加者の反応次第で柔軟に対応していく。

各場はドラマ仕立てされることが多く、例えばある場では、「ようこそ〝快楽の園〟へ。ここであなたは、この世でもっとも心よい体感を味わうことができます。しかし、そのためには、ある呪文を唱えなければなりません～」などと言われ、その声にしたがっていると、体にいろいろな刺激が加えられる。くすぐったいのもあれば、少し痛いのもあるが、身を任せていると気持ちよくなったりする。実際には、スタッフがさまざまな道具（羽、鞭、布、マッサージ機など）を使って参加者を刺激しているのだが、目隠ししていて見えないので、何をされているのかよくわからずどんどん妄想が膨らんでいく。

趣向の凝らされたさまざまな感覚体験の場を経ていくと、最後に「天国の女王様」の部屋へと導かれる。着席すると、「これから、あなたを世界で一番聡明で、一番美しい人に引き合わせましょう。目隠しをはずすと、その人はあなたの前に現れます」という女王様の声が聞こえる。いったい誰に引き合わされるのか、スタッフの誰かか、有名人の写真か、それとも、抽象的なオブジェかと思いをめぐらす。どきどきしながら、目を開けると、なんと目に入るのは自分の顔！　鏡に映った自分の顔がそこにはあるのだ。初めてＳＡＲに参加した時、「世界で一番美しい人、それは自分！」というこの思いもかけぬ結末に、私はショックを受け、その後一五分ほど泣き続けたのを今でも鮮明に覚えている。

こうしたさまざまな場面を通して体験するのは、実に多様な体への刺激である。相手を信頼し自分の身を委ねることができれば、こんなにさまざまな気持ちよさを味わうことができるのだと驚かされる。そして、相手に身を委ねるために必要なのが、セルフ＝エスティームである。セルフ＝エスティームは、自己肯定感とか自尊感情と訳されることが多いが、要するに、自分のあるがまま（容姿も性格も全て）を自分でそっくり受け入れることができるかということである。それがなければ、セックスで自分を大切にすることはできないし、相手を大切にすることもできない。

このように、センソリウムでは、セルフ＝エスティームの重要性を実体験から学ぶ。セックスは、他人との信頼関係、そして自分や相手を大切にすることなくしてはありえない。そして性の専門家なら、当然、それを体得していなくてはならないだろう。センソリウムは、SARを通じて知的に理解してきたこれらのことを、実際の体験を通じて血肉化する場なのである。

個人主義と人権運動の根付いたアメリカ、サンフランシスコで発展したSARを、日本でそのまま実践するには多くの問題があるだろう。しかし、これを土台にしながら、日本の文化的・社会的事情にくみした独自のワークショップ・プログラムを作っていくのは早急の課題だと私は思う。

ようこそ センソリウムへ
はじまり はじまり〜
目隠しをして移動
センソリウム例
ベッドに横たわった女子 様々な刺激を受ける
ソフトに ムチうつ
さわる
息を ふきかける
時空を越え かきとり 調査中
センソリウム 例
目隠しした女子 用意されているポットに 手を入れる。 ポットには 水が 張られていて 底には、粉や泥や砂や触感が 違う ものが 入っている。
センソリウム例
四方から 異なる刺激を 受ける
音・光・熱・風 匂い……

第2章 ■ 音楽で思いこみを解きほぐす

音楽を聴いてオルガスム

第1章の映画『愛についてのキンゼイ・レポート』のところで、音楽を聴いている時にオルガスムに達したといった人が出てきた。これは、いったいどういうことだろう。音楽を聴きながら、マスターベーションをしたのか？ それとも、音楽を聴いているうちにオルガスムに達したのか？ 私はおそらく後者だったのだと思う。オルガスムは、性器をさわっている時にだけ達するものではないからだ。

音楽を聴いている間に、あるいは、ミュージカルやオペラを観ている間に、からだがぶるぶるっと震え、我を忘れて恍惚感にひたるという経験をしたことのある人は多いだろう。クラブ・ミュージックや和太鼓のアンサンブルなど、大音量の渦に身を置いた時だけでなく、静かでも繰り返しが多いインドネシアのガムラン音楽やミニマル・ミュージックなどに身を任せていると、だんだん倒錯的な感覚に陥ったりする。空気の強い振動による物理的な要因によることもあるが、作曲上のさまざまな仕掛けによって、そういう効果が醸しだされることもある。

ゲイを自認するサム・エイブルが書いた『肉体としてのオペラ』を読んでいたら「オペラ的オルガスム」という話が出てきた [Able 1996]。彼は、リヒャルト・シュトラウスのオペラ《ばらの騎士》終幕の三重唱を聴くたびに「オペラ的オルガスム」体験をすると言う。《ばらの騎士》は一九一一年にドイツで初演されたオペラで、日本でもしばしば上演される人気演目である。ロココ調の舞台で貴族がノスタルジックな悲喜劇を繰り広げ、オクタヴィアン（男の役）が女性によって演じられるこのオペラには、宝塚歌劇を彷彿させるところもある。

このオペラの最後の方で、元帥夫人とその恋人だったオクタヴィアン、それからオクタヴィアンとやがて結ばれることになるゾフィーの三人が三重唱を奏でるところがある。この部分だけが抜粋して演奏されることもある名場面だ。エイブルは、この三重唱を聴いていると、オルガスムに達すると言う。転調の妙や、三人の高音域で倒錯的に交わる効果などによって、極度な身体の緊張と弛緩、肉体内での性的エネルギーの凝集と解放が起こるというのだ。

エイブルは、性的なオルガスムは、一般に信じられているように、二人の人間の間の身体的接触によって生ずるものとは限らないという。これは、最近の脳神経学の研究でも裏づけられていることである [Komisaruk et al. 2006]。精神分析でも、オルガスムは生理的な衝動によって誘発されるが、最終的には一人の人間と心理的に生み出された欲望の対象との間に生ずるものと考えられることがある [ジジェク1999]。

オルガスムはセックスによって生じるもので、セックスは人間どうしがおこなうもの。だから、セックスと音楽は遠いところにあるようにみえる。しかし、この二つは意外に似通ったところがある。例えば、古来よりおこなわれている音楽を伴った宗教儀式や、現代のクラブ・シーンにおけるトランス状態、また音楽劇でのカタルシスは、セックスにおけるオルガスムと似た仕掛けによってもたらされ、同じような生理的効果を生んでいる。結局これらは、自身の身体を自分以外の力に委ねるという点で一致している。私たちは、そうした自我を超えた状態に達した時に、オルガスムに達すると考えられる。

逆に言うと、性器を用いた行為であっても、単にからだに刺激を与え、射精したり、クリトリスや膣を刺激しただけで、オルガスムを感じることができるとは限らない。心理的な作用とも深く関わっているからである。音楽によるオルガスムなんて、馬鹿馬鹿しいと思われる方もいるかもしれない。しかし、これはオルガスムやセクシュアリティの本質に関わる大真面目な話なのだ。[参考：中村2008b]

音楽は空気の振動？

本章では、もう少し音楽を通して、性について考えてみたい。性を正面から取り上げるのではなく、少しずらしてみることで、思いこみを解きほぐしていこうと思う。以下では、私の音楽学の講義の一部を紹介する。もちろん、音楽学の授業では、性と結びつけることはないが、ここでは、二つを関連づけながら進めていきたい。

「音楽は何を伝えるのか？」――これは簡単そうで、実に難しい問いである。例えば、誰でもよく知っているヴィヴァルディの《四季》から「春」を聴く。何を思い浮かべるかとたずねてみると、まるで判を押したように「春のイメージ」といった答えが返ってくる。しかし、どうしてそういうイメージが湧いてきたのか？『春』をテーマにした曲と知らなくても同じように感じるのだろうか？　そう考え始めると、この音楽が「春」を表現しているというのも、少しあやしくなってくる。

次に、もう少し意見が分かれそうな曲を聴いてみる。例えば、プッチーニのオペラ《トゥーランドット》から「誰も寝てはならぬ」。この有名なアリアは、二〇〇六年のトリノ・オリンピックでフィギュア・スケートの荒川静香選手が用いたことでもよく知られている。実際、この曲を聴いて何を思い浮かべたかとたずねると、「イナバウアー」という答えが返ってきたりする。

今度は、同じ曲を映像つきで聴いてもらう。この時私が使ったのは、北京の紫禁城で上演されたチャン・イーモウ演出のＤＶＤである（チャン・イーモウは二〇〇八年の北京オリンピックで開会式の演出も担当した）。オペラの舞台が見えると同時に、日本語の歌詞対訳が画面に表示される。すると、この歌は「愛の歌」でも「雄大な語り」でも、ましてや「フィギュア・スケート」ではなく、「誰も寝てはならない。もし明け方までに謎が解けなければ……」という、おどろおどろしい展開の中で歌われるものであることがわかる。

「もしタイトルや歌詞がなかったら、音楽は何も伝えないのではないでしょうか？」と言いながら、一九世紀後半、ドイツのエドゥアルト・ハンスリックが、『音楽美論』（一八五四）の中で、音楽は感情を伝えるものではなく、「鳴り響きつつ動く形式」であり、時間と空間の中に生成された音による構成物のみが、音楽の唯一の内容であると主張した話を紹介した【ハンスリック1960】。「音楽は何かを伝えると信じている人は多いようですが、それは私たちがそう思いこんでいるだけかもしれませんね。だって、実際に伝えられているのは、空気の振動ではないですか！」と私が挑発すると、多くの学生が不満そうな顔をする。「そんなはずない！」と言いたげである。

学生の不満が募ったところで、実は、ここに私たちの文化にある〝音に対する認識の共有〟や、私たち一人一人の〝音に対する記憶〟があると切り出す。音を高い低いと認識したり、一定の音の連なりを「リズム」として固まりと捉えたり、速さに意味を感じたり、音色の変化や、音のかたまりを構成として知覚するのは、文化的に学習している部分が大きい。西洋以外の文化では、音の違いを高低よりも、音色の違いとして認識するところもある。

さらに、そこに私たち一人一人がもっている音に対する記憶も関係してくる。例えば、小さい頃繰り返し聞いた音と、その時の体験。そうしたものが、耳にしている音とオーバーラップしてくる。電車の線路沿いで育った人にしてみれば、列車が走る音は、なつかしい家庭の団らんを思い出す幸せな響きかもしれない。その一方で、別の人には、同様の音が、第二次世界大戦中アウシュビッツへの強制収容所へ向かう汽車の音を想起させるかもしれない（参考：スティーヴ・ライヒ作曲《ディファレント・トレインズ》）。

音楽を聴く時、まず伝わってくるのは空気の振動である。それに加えて、タイトルや歌詞、曲の解説などの音楽外的知識とともに、文化的に共有された音への認識によって、そして、音に対する個人的な記憶によって、私たちの心は揺さぶられる。

そう、これは人にさわられた時の身体反応とよく似ている。肌への刺激に対して生理的な反応が生じる。それと同時に、刺激の背景に関する知識（例えば、誰がどんな状況で触ったか）と、それに対する文化的な意味づけ（どのような触り方が愛情を示すものか）、そしてその刺激に対する過去の記憶（同様の刺激に対する体験）などが複雑に絡みあいながら、全身的な反応が呼びおこされるのである。［参考：中村1999］

たぬきそばと《君が代》問題

それでは、音楽の意味とは何なのか。よく作曲家が「この曲にはこういう意図が込められている」とか、歌手が「こんな気持ちで歌います」というが、これはいったいどういうことなのだろうか？　以下は主に「音楽記号学」として発展してきた分野の話である。

一般にコミュニケーションと言えば、情報のメッセージを発信する人がいて、それがそのまま受け手に伝わると考えがちである。図解すると、以下のようになる。

発信者 → メッセージ → 受信者

これを音楽にあてはめるのなら、

作曲者（演奏者） → 作品（演奏） → 聴取者

ということになる。しかし、実際は、こんなに単純ではない。

音楽ではなく、言葉だって同じだろう。こちらが何かを話したとしても、それがそのまま相手に伝わるとは限らない。例えば、大阪の人が「たぬきそば」を東京で注文すると驚くらしい。大阪で「たぬきそば」は「油揚げののったそば」を指すが、東京で「たぬきそば」を注文すると「天かすののったそば」が出てくるからだ。「たぬきそば」というメッセージは同じでも、その意味内容がうまく伝わるとは限らない。それは、情報の発信者と受信者が、両者を結ぶメッセージに対して別々の解釈をおこなっているからだ。図示するならば、次のようになる。

発信者 → メッセージ ← 受信者

これと同じことが音楽でも起きている。つまり、

作曲者（演奏者） → 作品（演奏） ← 聴取者

となる。フランスの音楽学者ジャン＝ジャック・ナティエは、作曲者が作品を作るプロセスを「創出過程」、作品をその創出過程の「痕跡」、そして聴取者が作品を受け取るプロセスを「感受過程」と呼んだ［ナティエ1996］。

作曲者（演奏者）（創出過程）→作品（演奏）（痕跡）←（感受過程）聴取者

とすれば、音楽作品や演奏というのは、それを行なう人の創造の「痕跡」であり、それを聴取者がその「痕跡」を読み解いているということになる。その両者が、その「痕跡」に対して同じ思いを抱いていれば、めでたしめでたしとなるが、そうでないと大変なことになる。

音楽に意味をこめることはできるが、それがそっくりそのまま受け取られるとは限らない。冒頭の例では、むしろ、作曲家の「意図」や歌手の「思い」を事前に知らされているから、「伝わってくる」と感じるのであって、知らされていなければ、わからないことも多いだろう。[参考：中村2001b]

これが大きな社会問題となったのが、国歌《君が代》である。東京都の教育委員会は卒業式での起立斉唱を義務づけ、これに反する教員は処罰されるとした。解雇される教員も出そうだというのだから、これはもうただ事では済まされない。

この問題を先の図式で言いかえるなら、《君が代》の「創出過程」に込められた〝国を代表する歌を作る〟という思惑と、そこに〝戦争体験の重み〟を感じ取る「感受過程」が大きく異なっている、ということになる。前に述べたように、音楽は、物理的には空気の振動でありながら、文化的には共有された認識や個人の記憶の問題である。個人の多様な「感受過程」をないがしろにし、権力が強制的に《君が代》を歌わせるとすれば、それは一人の人間の「感じ方」を強要することに他ならず、個人の尊厳に関わる重大な問題である。

これは、性暴力体験者のセックス観ともリンクしてくる。セックスは「愛の表現」あるいは「誰にとっても気持ちのいいもの」と信じて疑わない人がセックスをしようとしても（創出過程）、その行為となるセックスを（痕跡）、過去に性的な暴力のあったことのある人が受け取るのでは（感受過程）、大きな齟齬が生じてしまう。

《4分33秒》とフェティシズム

音楽作品が「痕跡」だとして、それでは、それが音楽作品として成立するのはどういう時なのだろうか？ これもわかりきっているようで、意外に難しい問題である。例えば、ジョン・ケージの《4分33秒》（一九五二）。ピアニストが舞台に登場するが、ピアノに着席し楽譜を開いた後、4分33秒の間、一音も音を出すことなく静止しつづけ、そのまま楽譜を閉じて退場するという作品だ。日常音との積極的な関わりを再認識しようとした一種のパフォーマンスであると同時に、従来の音楽作品のあり方に対するアンチテーゼでもある。

不思議なもので、どんな音でもそこに興味を見出せば、それが興味をそそるものとなり、それに合わせて身体の反応が変化してくる。よく喩えに出されるのが「虫の音」だ。日本文化では、虫の音に情緒を見出すが、西洋文化では雑音としか認識されない。あるいは、家に帰るとすぐにテレビやラジオをつけるという人が時々いる。見たり聞いたりするわけでもないので、なぜつけるのかとたずねると、「音が鳴っていると安心するから」という答えが返ってくる。私には雑音としか思えないテレビやラジオの音も、人によっては安心感を与える音となるようだ。実際、ケージの《4分33秒》を聴くと（これは、いつでもどこでも実演可能だが）、興味深い音の構成や響きが現れてきたりする。それを快いと感じることもある。

フェティシズムは、これに似ている。インターネットをブラウズしていると、「なんでこんなものに欲情するの？」と私が理解に苦しむサイトにいくつも出くわす。例えば、どこにでもいそうな街行く人の写真が、「萌え」の対象になっていることがある。一般には見過ごされがちなものが、ある人たちには甘美な感情を誘発するものとなるだろう。それは、ちょうどケージの《4分33秒》で、聴き手が日常音に興味をもってそこに何かを見出していけば、興味をそそる「音楽」となってくるようなものだろう（と言いつつも、私自身、他人からみれば「なんで？」と言われそうなフェティッシュ的嗜好をいくつも持っているが）。

一方、《4分33秒》は、音楽作品とは何かという問題も喚起する。大学の教室でもこの作品の一部を実演し、その後、学生どうしで議論してもらう。「単なる雑音だから作品ではない」、「作曲者が〝作品〟と言えば作品になる」、「聴き手が何かを感じ取れば作品になる」、「作曲者と聴き手の両方が作品と見なした時、はじめて作品といえるのではないか」というような意見が出てくる。

この問題は、「ヌードは〝猥褻物〟か〝美術作品〟か?」という議論とシンクロしてくる。明治時代、フランスで洋画を学んだ黒田清輝は、帰国後、女性の裸を描いた絵を展覧会に出品した。すると、これに風紀を乱す猥褻物とクレームがつき、「裸体画論争」が巻き起こった。作り手は美術表現を意図したが、受け手は必ずしもそのように受け取らなかった。今では、女性の裸体画を警察が取り締まることはないが、当時は猥褻物というのが一般的な認識だった。[参考：ポロック1992]

ハダカは最高のリラックスウエアーかも。
読書中

二〇〇八年二月、アメリカの写真家ロバート・メイプルソープの写真集『MAPPLETHORPE』は「芸術作品である」という最高裁判決が出た。もしかしたら今から一〇〇年後、「当時は、男性性器の芸術写真が猥褻かどうかで大騒ぎになった」と言われるのかもしれない。

ある作品が芸術か猥褻かという決定は、作家の意図やその中身が何かというより、私たちがその作品をどう捉えるかという問題である。つまり、作品がある不変の価値や意味を内包しているわけではなく、私たちがそこにどういう価値や意味を付与しているかということである。そして重要なのは、いったん一つの公的な判断がくだされると、その判断が、逆に、その作品の価値や意味を決定づけるということである。

楽譜はミュージック？

英語では、楽譜のことを「ミュージック」と呼ぶ。つまり、音楽も楽譜も同じ言葉、「ミュージック」なのだ。これは、楽譜が音楽だと見なされていた（あるいは、今でも一般には見なされる傾向にある）ことと関連しているのだろう。しかし、音楽作品が楽譜ではないとしたら、「音の響き」なのだろうか？ もし「音の響き」なら、響き方が違うと別の作品ということになるのだろうか。

ある授業で、モーツァルトの演奏の聴き比べをした。《交響曲第39番変ホ長調》（K. 543）の序奏部分をオイゲン・ヨッフム指揮による演奏と、ニコラウス・アーノンクール指揮の演奏で聴いた。前者は、いわゆる正統派の演奏で、ゆっくりと落ち着いたテンポ（速さ）で優美に音楽が運ばれる。それに対し、後者はいわゆる古楽的演奏で、テンポが非常に速い上、ティンパニ（太鼓）の音が鋭く響きわたり、激しく斬新な音楽になっている。どちらも、基本的に同じ楽譜を用い、同種の楽器で演奏している。

教室にいた学生に同じ作品と思うかどうかたずねてみると、だいたい半分の人が「二つは同じ作品だ」に手を挙げ、残りの半分が「二つは別の作品だ」に手を挙げた。理由をきくと、同一作品派は、「同じ音の高さだし、リズムもいっしょだ」と言う。別の作品派は、「全く別の響きだし、印象が全く違う」と言う。概して音楽的訓練を受けたことのある学生（楽譜をある程度読める学生）が同一作品派になる傾向があるのが、話し方から推測されて興味深かった。

従来の「西洋音楽史」(あるいは「クラシック業界」)では、これらは同じ作品と見なされてきた。それは「西洋音楽史」では、楽譜が同一であることが、作品が同一であることの基礎となっていた。それは、先に書いた、音楽と楽譜が一体のものと考えられてきた長い歴史があるからだ。しかし、全く別作品だと言う学生の気持ちもよくわかる。例えば、日本の伝統音楽の世界では、楽譜は存在しても、それが作品だという認識はあまりされてこなかった。むしろ、「流派」など誰からその音楽を伝承されたかということの方が重要だった。

そういうことを考えると、音楽作品の同一性を考えるのに、楽譜が同一であるとかどうかを基準にするのは、一つの見方に過ぎないということがわかる。もっと言えば、これは、ソルフェージュや音感教育と呼ばれる教育システムによって、どれとどれを同じものと見なすか、どれとどれを別のものと見なすかという訓練を受けてきた結果である[クック1992]。そういう教育を受けてこなければ、当然、何が同一かという判断は異なってくる。それは、世界の音楽文化の多様性が示しているし、私の授業を受けた学生の反応によっても明らかである。

このことは、「男」や「女」であることの同一性を考えるのにも応用できると思う。私たちは、ちょうど「楽譜＝音楽」のように、「性器＝性別」という文化の中で育ってきた。しかし、同一性を担保するのが、決して性器だけではないことは、後述するインターセックスやトランスジェンダーによっても明らかだ。また、女性器があるからといって、みな同じ「女性」というカテゴリーでくくることができないことも、一九八〇年代以降、「中流階級の異性愛白人」以外の女性たちの声によって明らかにされてきた。

もちろん、だからといって、これらの既成カテゴリーや、それに基づくアイデンティティが無意味だというつもりはない。しかし、その同一性が担保されているのは、その背後にある教育を含む「強制力」が存在しているからである。同一性を語る時には、どういう「強制力」が働いているかについても、私たちは自覚的になる必要がある。[参考：中村2001a]

雅楽と男/女らしさ

学生たちに「日本の音楽というと何を思い浮かべますか?」と聞くと、「琴」、「雅楽」、「祭のお囃子」、「三味線」というような答えが出てくる。面白いのは、圧倒的に多いのが楽器の名前で、次に多いのがジャンル名であることだ。中には「間《ま》」というような抽象的概念を指摘する学生もいるが、まずは楽器として認識されているようだ。楽器は音が身体化されたものだとすれば、こうした反応にも納得がいく。

そこで、私が「Jポップは、どうですか？ あれは日本の音楽じゃないのですか？」と聞く。怪訝そうな顔をする学生たち。「やっぱり、昔からあるのが日本の音楽じゃないですか」とか、「Jポップは、和モノと洋モノが混じっているから……」と言う。

「それなら」と、日本の伝統音楽の代表格である雅楽の話から始める。結婚式などで《越天楽》を耳にしたことのある人は多いだろう。しかし、この雅楽、実は一二〇〇年以上前に大陸から伝わってきたものだった。雅楽発祥の地とされる中国では伝承が途絶えたが、日本や韓国、ベトナムに受け継がれ、それぞれの土地で独自の発展を遂げた。今はまぎれもなく「日本の音楽」かもしれないが、もともとは異国の音楽だった。

言いかえるなら、日本と音楽の関係は、互いの引用による連鎖によっている。例えば、雅楽は、もともと大陸から渡ってきたもので、日本に起源をもつものではなかったが、皇室での特権的使用や使用楽器の改良とともに、「雅楽の響きは日本的である」という言説が生まれ、何度もそう繰り返し言われるようになる（雅楽→日本）。その一方で、日本音楽の代表として雅楽が頻繁に引き合いに出されるようになる（日本→雅楽）。このように、「雅楽は日本的」というのと、「日本音楽といえば雅楽」という言い方が繰り返されることにより、「雅楽＝日本音楽」という定式が確立され、次第に両者は不可分なものと認識されるようになったのである。

先に挙げた国歌《君が代》も同じである。江戸時代庶民の祝いの席で歌われた歌に、明治になってドイツ人のフランツ・エッケルトによって無理矢理に西洋風の和声（ハーモニー）がつけられた。《君が代》の最初と最後の一小節が無伴奏なのは、西洋の調性に基づいた和声法ではうまく処理できないため和声づけを断念した、という裏事情もある。しかし、「国歌」として権威づけがおこなわれ、「国歌」にふさわしい場で歌われ続けると、それが「国歌」という意味をもつようになる。最初と最後の無伴奏も、無伴奏なのが日本国歌にふさわしいと思われるようになったりする。

このように、もともと雅楽にせよ、《君が代》にせよ、特別な音楽でもなければ、「日本らしい」という意味をもっていたわけではなかった。つまり、他の音楽との差が際立たされるようになり、「らしさ」が権威づけられることにより、日本音楽として知られるようになったのである。

「男らしい」とか「女らしい」というのもこれと同じだ。明治維新以降、西洋の帝国主義的国家観やそれと不可分な文化（結婚制度や恋愛至上主義など）の輸入によって、男女という分け方が殊更強調されるようになり、それぞれの人たちの振る舞いに対する規範が強固になった。明治以前にあった規範は、男女という性別の次元とは異なったところにも多くあった。ところが、富国強兵政策や第二次世界大戦後の高度成長の中で、「男／女のからだをもつ人たち」と「特定の男らしさ／女らしさ」が繰り返し結びつけて語られ、「男＝男らしい」、「女＝女らしい」という定式ができあがってしまったのである。［参考：中村2005b］

子どもの歌アルバム『うたううあ』

ところが、この定式は、いったん固定されると不変であるかというとそうとは限らない。実際には、つねに「ずれ」が生み出されている。なぜなら意味するものが意味されるものを指向する際、参照となるオリジナルを求めようとするが、そのオリジナルは実際にはどこにも存在しないからである［バトラー1997］。「日本」と「音楽」の関係は、両者が結びつけられる度にその関係が強固になっていく一方、「日本」とは何かというオリジナルが確固として存在しないため、その関係性はつねに「ずれ」を伴いながら更新される。《君が代》の場合、この意味をめぐる「ずれ」が、君が代問題の悲劇を生んでいるとも言えるだろう。

しかし、この「ずらし」に積極的に関与していくことで、新しい意味の生成も可能になる。これが、ジュディス・バトラーの言う「クィアな戦術」である。例えば「女性器＝女らしい」という連鎖を、少しずつずらしていくことで、「女」という意味の新しい意味が生まれる。ちょうど過去に、日本の音楽でなかった雅楽が、日本の音楽になっていったように、「女性器＝X」という新しいものを見出し、それを発展させていけば、そのうち「女性器＝X」というのが当たり前なものになっていくと考えられるのである。

授業では、音楽におけるグローバリゼーションの例として、ううあ（UA）が歌う「子どもの歌」をいくつか紹介した。『うたううあ』というCDアルバムに収められているこれらの歌を初めて聴いた時、私は腰を抜かさんばかりに驚いた。子どもの歌は、昔（＝私が子どもの頃）「おかあさんといっしょ」に出ていた小鳩くるみのように、まっすぐな声で歌うものと思っていた私には、虚をつかれたようだった。また、世界じゅうの楽器や音楽様式を用いたアレンジはとても斬新に響いた。

しかし、その驚きは、とても面白くてワクワクするものだった。私のお気に入りは、アフリカン・リズム調の《アイアイ》だ。授業では、以前にインド音楽を紹介していたので、《うみ》と《おもちゃのチャチャチャ》を聴いた。《うみ》ではインドの弦楽器シタールが、《おもちゃのチャチャチャ》ではインドの太鼓タブラが使われている。この音楽を聴いて育った子どもたちは、将来、こうした響きになつかしさやアイデンティティを感じ取るようになるのだろうか。何だか不思議な気持ちになる。[参考:中村2005c]

＊

私は当初、性を学ぶようになった動機は、以前、音楽に夢中になった動機とは、まったく別のものだと考えていた。しかし、二足の草鞋を履き続けるうちに、実は、この二つが同根だったかもしれないと思うようになった。それは、まず第一に、性も音楽も、人と人とをからだの感覚を通してつなぐものであるということ。それから、どちらも、刺激に対するからだの反応は、一般に生理的なものと思われがちだが、決してそれだけではないため、そこに私たち自身が何らかの作用を及ぼすことができるということだ。

私たちは、性的な行為や音楽を感覚的に楽しんでいると同時に、そうした行為を通じてからだに備わっている身体反応の可能性、つまり、感受性を育んでいる。そうだとすれば、私たちが性に対するどのような感受性を豊かにし、それを文化として発展させているかを批判的に見つめながら、個々人がそのプロセスに主体的に関わっていくことが重要になるだろう。そうすることで、人と人は、よりよくつながっていけるのではないだろうか。

基礎編

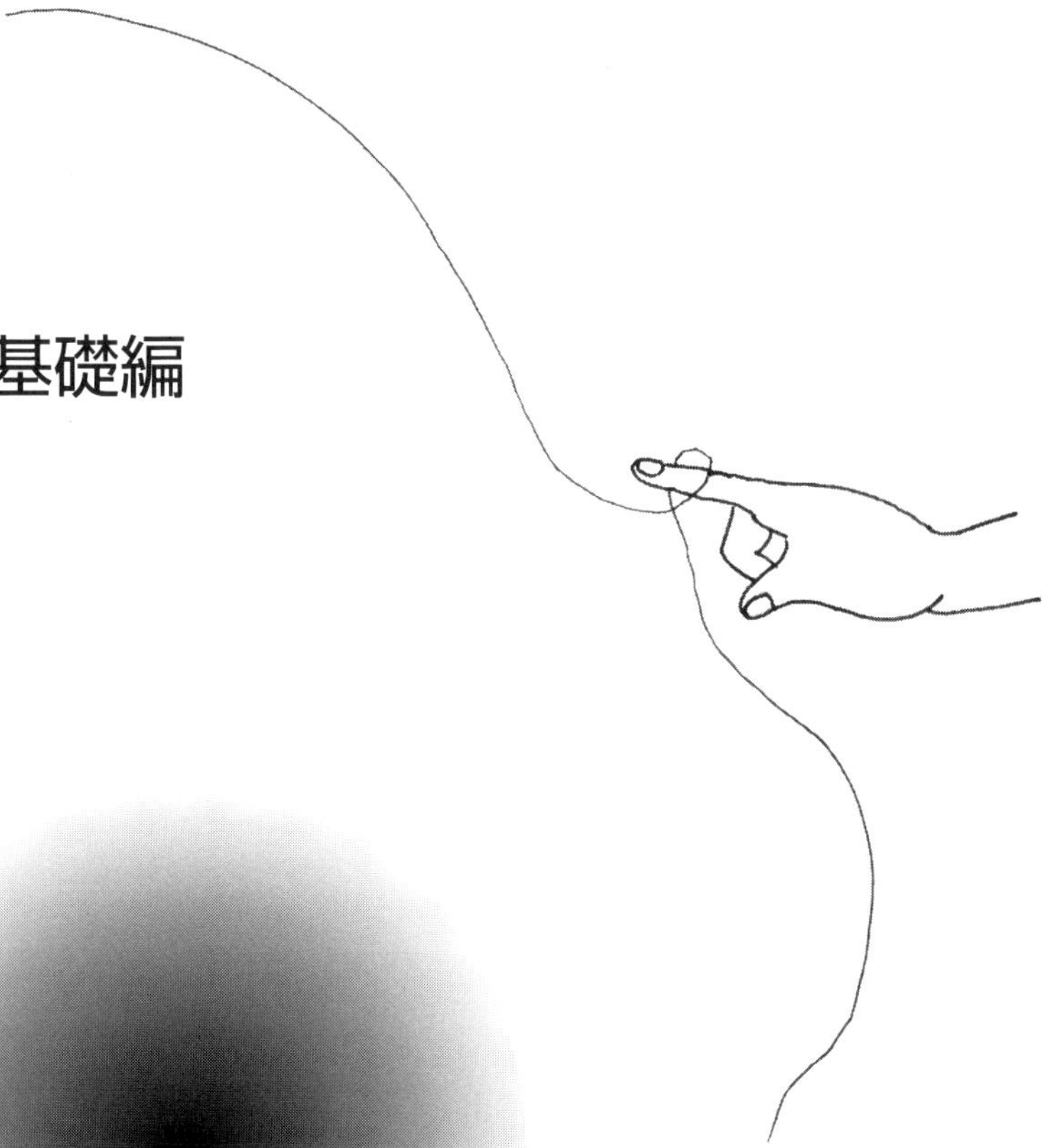

第3章 セクシュアリティの思いこみを解きほぐす

女性の自立とセクシュアリティ

北原みのりさんが主宰するラブピースクラブ［http://www.lovepiececlub.com］は、毎年「オンナ祭」というイベントを開いている。私も二〇〇五年一〇月、東京都内で開かれたこのイベントに出かけた。その年には、社民党の辻元清美、ユニークな歌手活動を続ける小林万里子、レズビアン・シンガーの笹野みちるがゲストとして招かれ大いに盛り上がった。集まったものどうしがエンパワーしあうすばらしいイベントだった。

ところが、翌週の『週刊新潮』に、「アダルトショップ主催イベントで講演した辻元センセイが大人のオモチャにサイン」という記事が掲載された。なぜラブピースクラブが「アダルトショップ」と呼ばれ、また、バイブレーターが「大人のオモチャ」と茶化して表現されるのか理解に苦しむ。が、何よりも、辻元さんがバイブレーターにサインをしたという行為が、なぜそうも下品で卑劣なことのように報道されなければいけないのだろうか？　まずは、女性の自立とセクシュアリティについて少し考えてみたい。

私たちがセックスを求めるのは、子孫を残そうとするからだけではない。おいしそうな食べ物を見つけたときに「食べたい」と思うのと同じように、私たちのからだは、性的刺激に対して反射的に反応するようできている。また、マッサージをしてもらって気持ちよくなりたいと思うのと同じように、セックスをして肉体的、情緒的満足を得たいと感じるのはごく自然なことである。

ところが、こうした性的欲求は、社会的秩序を乱す要因にもなりかねないため、有史以来、権力を有するものによって、つねに抑圧されてきた。そうした場合、必ずといっていいほど、問題の元凶と見なされ、抑圧の対象となるのは女性だった。女性は身動きの不自由な服をあてがわれ、魅惑的であると「悪女」「淫乱女」と呼ばれ、また「女には性欲はない」という虚構をまるで自然の摂理かのように信じこまされてきた［ヴーロー1991］。女性のマスターベーションについて語るのが、今でもタブーという風潮はこのことをよく表している。

一九七〇年代にオルガスム未経験の女性を対象にしたワークショップを開催していたロニー・バーバックは、『自分自身で感じること』［Barbach 1976］で、マスターベーションは、自分のからだがどのような刺激にどう反応するかということを学ぶ絶好の機会であり、セックスの際にパートナーから自立するための大事なプロセスであると述べた。自分がどういうセックスが好きなのかわからないのでは、相手が欲することに従うしかない。そうした受け身のセックスは、ただ単に自分の性的欲求を満たしてくれないということばかりではなく、二人の信頼関係を損なう要因ともなるだろう。

この本が出版されてから三〇余年が経つが、こうした認識はまだまだ根づいているとは言い難い。『週刊新潮』の記事は、このことを端的に示していた。「女がセクシュアリティを口にするなどけしからん」、「女が性的欲求を自分で満たすなどとんでもない」と。女性も、男性と同様セクシュアルな生き物であり、性的欲求を満たす権利がある。マスターベーションは、お腹の空いたときに自分で食事を作るのと同じように、一人の人間が自立するのに必要なことである。

セックスは、男に限ったものでも、恥ずべきものでも、子どもをつくるためだけのものでもない。

それは、私たちのからだが欲するものであり、文化として育むべきものである。この『週刊新潮』の一件によって、こうした性の健康や権利を日頃から訴えていくことの重要性が再認識された。人間の性についての基本的な知識さえあれば、こうした記事は書かれないはずだ。

アメリカのブッシュ政権による禁欲主義政策に呼応する形で、日本でもセクシュアリティに対する締めつけが厳しくなっているが、それでも少しずつ女性のセクシュアリティに関する認識に変化の兆しがある。例えば、女性雑誌『ａｎ・ａｎ』では、毎年セックス特集号が刊行され、人気を博している。二〇〇八年二月七日号では、「感じやすい女になりたい」という特集が組まれ、自分の性器を知るとか、自分が気持ちいいと感じることを見つける、というような記事が掲載された。

「女が好き」か「好きな人が女」か?

ところで、自分は女が好きだ、自分は男が好きだと思っている人に聞きたい。「男なら、女なら誰でもいいのか?」と。決してそうではないはずだ。「男が好きだ」と言っていても、全ての男を好きになるわけではない。「女にしか欲情しない」と断言してはばからない人だって、女であれば誰にでも欲情するわけではないだろう。

二〇〇六年五月、田中玲さんの著書『トランスジェンダー・フェミニズム』[田中2006]の出版を祝って、東京早稲田のパフスペースでイベントが開かれた。田中さんと二人の司会者が、レズビアンであること、ポリガミー（同時に複数の人と恋愛・性的関係を持つこと）の可能性など、セクシュアリティに関するさまざまな本音トークを披露してくれた。レズビアンである司会の二人が、トランスジェンダーの田中さんに触発されて、自分たちが女であること、女が好きだということについて改めて考え直す機会を得たと語っていたのが印象的だった。

そんな中でも特に興味深かったのは、司会者の一人つなさんが「私は普段、レズビアンだ、レズビアンだって言ってますけどね、田中さんの本を読んで、自分が〝女が好き〟だというのはどういうことなのか、ちょっと考えなおしてみました」と言いながら、写真を数枚取り出したシーンだった。エビちゃんなどの女性芸能人や、筋肉美を誇る女子スポーツ選手などの写真を一枚、一枚見せながら、「この子は、今、すごい人気のようですけど。私のタイプではありませんね」とか、「この人、すごいかっこいいでしょ。だけど、自分の彼女にはちょっと……」とか、「この人、イケてるって思うんですよ。私のタイプ」とコメントをした。つなさんの話術の巧みさともあいまって、会場は大きな盛り上がりを見せた。そして、「でね、思ったんですけど、私、〝女好き〟って言ってますけど、かなり好みがあって、好きな女の人って限られてる」と言う言葉が発せられたとき、「う〜ん」「そうだよね〜」というような唸り声が会場のあちこちで聞かれた。

私は、これはレズビアンの理解をうながすのにいい話ではないかと思った。一般にレズビアンといえば、「女が好きな女」といわれる。でも、どんな「女」でも好きなわけではない。逆に言えば、「好きになった人が、女だったのである」。これは、ヘテロ（セクシュアル）の女性についてもいえることだ。「男が好きだ」といっても、どんな男でもいいというわけではないだろう。

私たちの社会では、得てして「男とは」「女とは」と一括りにすることが多い。しかし、人が人を好きになるとき、「男だから」「女だから」好きになるのだろうか？　確かにそういう面もあるのかもしれない。が、それは人を好きになる条件の何割ぐらいを占めているのだろうか？　また、そこで「男」や「女」が意味しているものとは、具体的に何なのだろうか。単に性器のことなのか。そうではないのか。

同性を好きになることは、決して〝異常〟ではない。歴史を振り返るなら、古代ギリシアの時代から同性を好む人たちは存在していたし、人間以外の動物でも同性との性行動をとることがある。もし知らなかったとすれば、それはそうした事実が隠されてきたからだ［ヴィンセント他1997］。例えば、歴史家のジョン・ボズウェルは『キリスト教と同性愛』の中で、ギリシア時代の同性愛が、後に各国語に翻訳される際、異性に対する愛情や性行動のように置き換えられていったことを実証している［ボズウェル1990］。また、ミシェル・フーコーは『性の歴史Ⅰ』の中で、近代の性科学がいかに「同性愛」を病理化してきたかを詳しく記述している［フーコー1986a］。もっと最近の自然科学系の研究成果については、脳科学者であるサイモン・ルベイの『クィア・サイエンス』に詳細な記述がある［ルベイ2002］。

異性を好きになるのが「自然」と思っていたとしたら、そうでない事例が「隠されている」ことに気づいていないからに過ぎない。これは、後で述べるインターセックスでも、妊娠中絶や性感染症、性暴力に関しても同じだ。周りにそういう人がいても、そういうことが起こっていても、それが語られないために「ない」ことにされているのだ。「いない」「あり得ない」ではなくて、「知らない」「見ようとしていない」だけである。

こういうことに立ちどまって考えてみることが、レズビアンやゲイ、バイセクシュアル、そしてヘテロセクシュアルといった別々のラベルを貼られた人たちの間にある溝を埋めていくことにつながるのではないかと、私は思う。こうしたラベル貼りは、性的指向の多様性を可視化するという点で有効だが、差異ばかりが強調されてしまうと、同じ人間どうしであるということが忘れられてしまう。「女が好き」から「好きな人が女」へという言い換えは、そうした連続性を認識する一助となるように思う。［参考：伏見1997］

バイセクシュアリティがもたらす謎

「女が好き」から「好きな人が女」への転換は、バイセクシュアル（両性愛）の理解にも役立つだろう。バイセクシュアルというと、「男も女も好きな節操のない輩」と誤解している人もいるようだが、「好きになる人がいて、それがたまたま男だったり、女だったりする」と聞けば、納得する人も増えるのではないだろうか。

バイセクシュアルは、両性愛のことで、男性にも女性にも性的魅力を覚える人だといわれる。しかし、両性愛者は、いつも複数のセックス・パートナーを同時に持っているとは限らない。例えば、次のような女性は両性愛者か？

(1) 結婚をしながら、女性とも性的な関係をもっている場合
(2) 結婚している間に、一度だけ女性と性的関係をもったことがある場合
(3) 結婚しているが、女性とも性的関係をもってみたいと思っている場合
(4) 過去に結婚したことがあるが、今は女性と交際している場合

どれとどれが両性愛なのだろうか？ (1) の場合、男性とも女性とも性的関係を持っているのだから両性愛と思いたいところだが、本人は「結婚をしていても、本当は同性愛者」というかもしれない。(2) の場合も同様に、男性・女性のどちらとも性的体験があるという点では両性愛であるが、本人は「基本的に異性愛者」というかもしれない。(3) は、体験という点では異性愛だが、性的欲望という点では両性愛といえる。また(4) は、同性愛と分類されがちであるが、異性愛の経験もあるのだから、両性愛というべきなのかもしれない。

このように、両性愛は一筋縄ではいかない［Garber 2000］。性を宗教や道徳に縛られない立場から書かれた記念碑的著作『性の心理に関する研究』全七巻（一八九六—一九二八）を残したセクソロジスト、ハヴェロック・エリス（一八五九—一九一〇）は、両性愛は、異性愛に対する規範的な社会的圧力によって生じたものであると考えた。つまり、同性愛である人が、社会的圧力のために異性愛を

演じざるを得ない状況に陥り、結果として両性愛を実践するというのである。同時にエリスは、人間はそもそも「バイセクシュアル」（男性・女性の両性的な面を持っているという意味）であり、男性・女性の両方を好きになることは自然なことであると考えた。

一方、前にも触れた「キンゼイ・レポート」で有名なアルフレッド・キンゼイらは、異性愛・同性愛というのは生まれた後に獲得される要素が大きいと考えた。なぜなら、ある一定の時期に、異性愛と同性愛を同時に実践する人もいるからである。性的体験だけでなく欲望までを含むのであれば、世の中の多くの人が両性愛に分類されるということを、キンゼイらは膨大なデータをもって提示した。

また、サイモン・ルヴェイ（一九四三―）のように、性的指向は先天的に決まる部分が大きいと主張する科学者もいる。ルヴェイは、同性愛者と異性愛者とでは、脳の大きさに違いがあると発表した［LeVay 1991］。日本でもこの説を信じて疑わない人もいるようだが、実際には、実験の方法にいくつかの問題点があり、先天説の正当性は実証されていない。例えば、ルヴェイは死んだ人の脳を解剖しているが、その人の生前の性的指向をどう確定するのか、あるいは、その人が男性とも女性とも性的経験があった場合どうするか、などである。もっとも、ルヴェイ自身は「確信犯」的なところがあり、後に出版した前述の『クィア・サイエンス』［ルベイ2002］ではもっと慎重な言い回しになっている。

このように考えてくると、バイセクシュアリティは性的な指向の謎を深めるばかりである。同性愛や異性愛といった区別は、実は確固としたものではないのではないか。そもそも性的指向は、シュークリームが好きかエクレアが好きかということと、どの程度違うのだろうか。そんな疑問も湧いてくる。バイセクシュアリティは、私たちの性の「常識」について考え直す格好の機会を提供してくれるのである。［参考：竹村1997］

キンゼイ・スケール

性的対象についての思いこみを解きほぐす一つのよい方法が、キンゼイ・スケールである。キンゼイは膨大な男性の性行動調査を通して、人間の性的な指向は、ヘテロセクシュアル（異性愛）、ホモセクシュアル（同性愛）、バイセクシュアル（両性愛）の三つに分けられるものではなく、もっと段階的なものであるとし、それをスケールで表そうとした。スケールは七段階で、表2のようになっている［Kinsey et al. 1948］。

性的な興味といっても、何をセックスと見なすかで意見は分かれるだろうし、「実際に行動した」のと「そういう願望があった」のでは、異なった結果になるだろう。なので、表3のようにいくつかのケースを想定して考えてみるのもいいかもしれない。例えば、広い意味でのセックス（性的行動）、ロマンティックな恋愛感情、親しみや愛着に分けて考えてみる。さらに、それが過去の実体験なのか、ファンタジーなのか、いつか体験してみたいという好奇心なのかを区別してみるのもいいかもしれない。

これをやってみると、自分は男が好きとか、女が好きとか思っていても、実際にはもっと複雑であることに気がつく。しばしばいわれるのが、「人類みなバイセクシュアル（両性愛）」という言葉だ。若干の誇張はあるが、ポイントは、誰でも異性にも同性にもそれなりの興味を持っている、ということである。私たちの性的欲望は、男か女かというだけの尺度では測りきれない。他にも重要な要素はたくさんあるはずだ。

人間は複雑な生き物である。私たちの気持ちは、身体内のメカニズムだけでなく、さまざまな過去の体験や社会的な影響、それをどう心理的に受容したかによって変化してくる。また、欲望をもっていることと実際に行動すること、さらには、行動することとそれをアイデンティティとして宣

表2）

0：異性にしか全く興味がない
1：主に異性に興味があるが、同性に興味が全くないわけでもない
2：たいてい異性に興味を抱くが、同性に興味を抱くこともある
3：異性にも同性にも、同じように興味をいだく
4：たいてい同性に興味を抱くが、異性に興味を抱くこともある
5：主に同性に興味があるが、異性に興味が全くないわけでもない
6：同性にしか全く興味がない

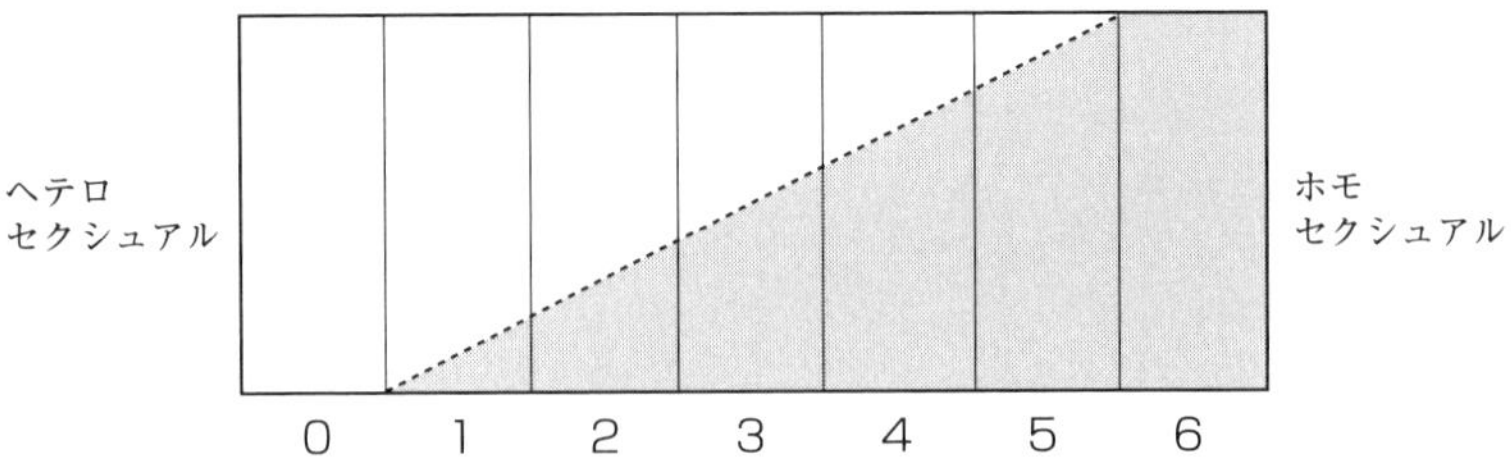

表3）

	過去の実体験	ファンタジー	好奇心
広い意味でのセックス			
ロマンティックな恋愛感情			
親しみや愛着			

言することとは、別の問題なのである。［参考：砂川2000：伏見2007］

SMで人生を哲学する

ここまで話してくると、人間の性的欲望は、必ずしも人間だけに向くとは限らないということも想像されるのではないだろうか。つまり、ある特定の状況や行為とか、特定の生物や物質にも、性的な興奮や満足を覚える。その一例として、SMがある（英語ではS&M）。

SMというのは、サディズムsadism（支配趣味）とマゾヒズムmasochism（隷属趣味）の略である。BDSMというのはそのサブカテゴリーで、ボンデージbondage（緊縛）、ディシプリンdiscipline（懲戒）がSMに加えられている。日本では、伝統的に縄を使って縛る「縄縛」が盛んな一方、欧米では、「レザー」（皮、皮製品）へのこだわりが見られる。プライベートな場でロール・プレイ（役割演習）として実践されることもあれば、人に見せるためのショーとして催されることもある。

実際には、いわゆる性的な行為を伴う場合もあれば、伴わないこともある。性的な行為が伴う場合は、セーファー・セックス（後述）への配慮は欠かせない。また、熟練したプレイヤーは、決してこれらの行為と暴力行為を混同することもない。事前の入念なコミュニケーションや、危険な状態を回避するための創意工夫が試される。例えば、縄で縛る場合、相手が苦しくなった場合、いかに瞬時にほどける状態に保っておくかということが鍵になる。その点で、日本の伝統的な縛り術は、技として奥がとても深い。見様見まねでするのは危険である。私も実際に体験して知ったことだが、よほど安全で安心な環境が確保されており、相手との信頼関係が築かれていなければできない行為である。

ところが、これが安易にメディアでは取り扱われる。成人向けの映像ではSMネタは定番になっているし、ドラマや映画でも、しばしば登場する。最近では、テレビでも「おれMやねん」などと言って笑いを誘ったり、雑誌の広告に「M嬢の見分け方」の見出しが踊っていたりする。SMが誤解や無理解に基づいて実践され、SMではなく「虐待」の犠牲者が出ているとすれば、それは許し難い状況である。SMは、あくまで合意と緻密なコミュニケーション、そして安全確保のための知恵と技術の上に成り立つロール・プレイであり、一方的な暴力や虐待とは違う。

そう十分な警鐘を鳴らしつつ、敢えて私見を述べるなら、SMは、セックスや親密性、性的快感、そして人間の生について哲学する絶好の機会を与えてくれるものだと思う。ぜひミシェル・フーコー、パトリック・カリフィア、ゲイル・ルービンらの著作に目を通していただきたい。私たちの多くは、好むと好まざるに関わらず、人を支配するという（ドラマ化された）状況に身を置くことで、ある種の満足感を得たり、逆に（ドラマ化された）隷属状況の中で快さを感じることができる能力を持っている。だからこそ、セックスという行為を楽しむことができるのであり、ある程度過酷な労働環境の中でも生き甲斐を見出すことができるのであり、苦悩の中にも幸せを発見することができるのだろう。

セクハラと性の権利

セクシュアル・ハラスメント（セクハラ）とは、一般に、性的言動や行為を相手に強要したり（性的脅し：対価型）、不快な思いをさせることで不利益を生じさせる（性的いやがらせ：環境型）のことをいう。前者は比較的定義が明確なのに対し、後者は「相手がセクハラだと思ったらセクハラ」ということもあり、どこまでがセクハラに相当するのか曖昧な点も多い。実際、セクソロジーまでセクハラと真剣に訴える人までいるので困ってしまう。

一九九九年の世界性科学会議でおこなわれた「性の権利宣言」（資料：七二頁）では、他人のセクシュアル・ライツを侵害しない限りにおいて、性的な表現の権利は保障されるとされた。性に対する欲望を抱いたり、それについてのファンタジーをもつのは自由だ。しかし、それを実際に行動に移すとなると、相手や周囲にいる人のことも考えなくてはならない。それは受動喫煙と同じだ。例えば、ヌード写真を個人で見るのは自由だが、職場の壁に貼るのはそうではない。そこで働いている人の誰かが、その写真によって不快に感じ、働きづらくなるのであれば、それは環境型のセクハラになる。ポイントは、それを受け取る人がどう思うかであり、性的欲望の表現は個人に関しては自由でも、社会生活の中では対人関係の中で捉え直されなければならないということだろう。

しかしながら、本書で主張してきたように、性的欲望は、生物学的にだけでなく、心理的・社会的なことによっても形づくられるという点を踏まえると、プライベートでなら何をしても自由だとは言い切れない部分もでてくる。例えば、性暴力やセクハラ裁判に長年取り組んできたアメリカの法律学者、キャサリン・マッキノンは『ポルノグラフィ』の中で、ポルノグラフィによる表現とそれが与える心理・社会的な悪影響について明晰な理論を展開している[マッキノン1995]。

彼女は、「ポルノグラフィが社会に蔓延するにつれて、〝性的に興奮させるもの〟とか〝表現の問題としての性行為《セックス》の本質〟が変化してくる。単なる言葉であり映像であったものが、マスターベーションを通じて性行為《セックス》そのものになる。ポルノグラフィ産業が拡大するにつれ、これが性行為《セックス》の一般的経験になっていき、ポルノグラフィの中の女性は男性にとっての女性のセクシュアリティの生きた原型となり、したがってそれが女性の経験となる」と書いている（四三―四四頁）。性について公の場で語られることがない以上、性について見聞きしたものが、そのまま内面化され身体化されていくことは大いに考えられる。メディアの情報に振り回されている若い人たちを目の当たりにすると、マッキノンは現実の状況をうまく言い当てているとも思う。

しかし、多種多様なポルノグラフィを十把一絡げにして論じる彼女の政治戦略には、違和感を覚えることも少なくない。表現されたものと受け取り手の行動に関していえば、例えば、日本では、時代劇が盛んにテレビで放映される。勧善懲悪もののアニメなども多い。これらの番組では、人殺しが日常茶飯事であるが、だからといって人殺しが増えるわけではない。また、戦争映画の場合でも、戦上での英雄を讃え、ナショナリズムを賛美するものから、戦争の悲惨さを映し出し、植民地支配の残虐さを暴くものまでいろいろある。ポルノグラフィだって、レイプを賞賛するようなものもあれば、人間のふれあいの大切さを伝えるものもある。ポルノグラフィが表現の一つとして制作され流通することと、それを見た人が行動することとの間には、もっと複雑な関係がある。

もし時代劇や戦争映画をそのまま行動に移す人が少ない一方、ポルノグラフィを真に受ける人が多いのなら、その違いは、メディアで取り上げられるという事実よりも、それをどう受け取るかの方に問題があるのではないだろうか。特に、ポルノグラフィについて批判的な態度がないとすれば、それは教育の場や日常で性が語られ、それについての思考が深められていないことに原因があるのではないだろうか。

性的欲望を変える?

二〇〇七年八月マッキノンが来日し、私も本人の話を直接聞く機会があった。「新しい平等理論をめざして」という講演は、先の本を書いた時より思考が少し柔軟になったのか、それとも日本向けにアレンジされたせいか、ほとんど抵抗なく理解することができた。マッキノンは、法はそれが実践された時点で「平等」を保障しなくてはならないし、既存の社会の「不平等」について変革していくものでなければならないと明快に主張していた。また、性的欲望の中に暴力が介在することがあってはならない、という主張はまさに正論であり、反論をさしはさむ余地などなかった。

しかし、やはり納得できない部分もあったので、講演の後で質問してみた。「私は性的欲望は、そもそもパワー・ゲーム（力関係の駆け引き）の上に成立していると考えています。それによって欲望が生じるのだと。もしそれを平等にしようとするなら、性的欲望自体がなくなってしまうのではないでしょうか？　あなたは性的欲望の存在自体を否定するとは言っていないと思ったのですが、それでは、どうしたらいいとお考えなんですか？」と。

するると、マッキノンは大きく目を見開きながら、「イエス、その通り。あなたは私の言うことをよく理解してくれたと思います。（中略）そう、私は性的欲望のあり方自体を変えていく必要があると思うのです」と答えた。「それではどんなふうに？」と再度質問したかったが、あいにくそのチャンスはなかった。

もっと話が聞きたかったのに残念でならなかったが、これは私にとっての重要なテーマとなった。性欲や性行動は、それが暴力的でなくても、異性愛でなくても、そもそもパワー・ゲームの上に成り立っているという私の考えは、何度も考え直してみたが変わりそうにない。そうだとすれば、そのパワー・ゲームのあり方を変えていくことを考えていく必要があるのだろう。［参考：ルービン1997：ルービン&バトラー1997］

セクシュアリティとは何か？

ゲイ／レズビアンのコンテクストでは、セクシュアリティというと、異性が好きか、同性が好きかという「性的指向」の同義語として用いられることも多い（実際、歴史的にはそういう意味のものとして使われてきた［フーコー1986b］が、それは今日、セクシュアリティが意味するものの一部にすぎない。世界保健機関（ＷＨＯ）の定義では、「生涯を通じて人間の存在において中心的な事柄であり、セックス（性別／性交）、ジェンダー・アイデンティティ、性別役割、性的指向、エロティシズム、快楽、親密さ、生殖を包含するものである」とされている［ＷＨＯ2006］。しかし、これでは何でもありのようで、ちょっとわかりにくい。セックスなど身体に関するものもあれば、親密さというようにコミュニケーションに関するものも入っている。どうしてこれらが同じ言葉でくくられるのか疑問に思われる方も多いだろう。

実際、セクシュアリティは、研究・学問分野によって意味するものが異なるようにもみえる。例えば、生物学では、セクシュアリティは、性交を中心とした性行動を指すことが多い。医学では、性行動をめぐる生理学的側面に焦点があてられる。心理学では、性に関連する心の動きが問題になる一方、社会学では、人々の性行動そのものや意識が主な分析対象になる。文化研究では、様々な性風俗が語られ、性の表象について論じられる。法律では、性犯罪が定義され、宗教や道徳では、性の規範が決定される。また世間的には、恋愛や快楽と不可分に扱われることも多い。

たしかにセクシュアリティは、一義的には身体に関することである。それは、男女といった性別や生殖に関わる行動と密接な関係にある。しかし、人間が性的存在として経験・表現することは、それだけに限定されるわけではない。性に関する歴史・文化研究から明らかなのは、何が「性的」であるかは、時代・場所・文化・個人でどのように考えられ、問題にされるかによって異なるということだ［Ross & Rapp 1981］。男女の分け方（男と女だけか、それ以外もあるか）、男女の特性についての認識（男／女らしさや社会での役割）、性的欲望を喚起するもの（何が〝エロい〟か）、性的な快楽をもたらす刺激（何に〝感じる〟か、気持ちよさや満足を覚えるか）などは、私たち人間全てを同一の尺度から捉え、身体内部のことだけで説明を試みる従来の生物学的方法では語りきれない。セクシュアリティは、社会や文化との影響関係、個人の身体的・心理的特性、教育システム・精神医学・市場原理などの社会的な制度の微妙なバランスの上に存在するものである。

セクシュアリティは、私たち一人一人の人間が性的存在として経験・表現することの総体を意味する。セクシュアリティには、生物学、医学的、心理学的、社会学的……といった様々な側面があるのであり、上記にあげた各研究・学問分野は、それぞれの角度から光をあてているに過ぎない。しかし、それが別々のものとして論じられているうちは、私たちの性についての理解はあまり深まらないだろう。

セクソロジーの生みの親の一人であるドイツのイヴァン・ブロッホ（一八七二―一九二二）は、『我々の時代における性的な生』Das Sexualleben unserer Zeit（一九〇七）において、性に関連する事象をばらばらにではなく、ある一つの焦点化された視点から論じることの重要さを説いた（後述）。それから一〇〇年が過ぎた。ブロッホの言葉の重みを再認識する時かもしれない。

■資料

この宣言によると「セクシュアリティとは、人間ひとりひとりの人格に不可欠な要素」であり、「セクシュアリティが充分に発達するためには、触れ合うことへの欲求、親密さ、情緒的表現、喜び、優しさ、愛など、人間にとって基本的なニーズが満たされる必要がある」と明言されている。またセクシュアリティとは、個人の身体内に属するものではなく「個人と社会構造の相互作用を通して築かれる」もので、「セクシュアリティの完全なる発達は、個人の、対人関係の、そして社会生活上の幸福に必要不可欠なもの」と謳われている。

そこで、重要になってくるのが性に関する私たちの権利、セクシュアル・ライツである。これは、「あらゆる人間が生まれながらにして有する自由、尊厳、平等に基づく普遍的人権」であり、それを保障するために、「全ての社会があらゆる手段を講じて以下のセクシュアル・ライツを認識し、推奨し、尊重し、擁護しなければならない」とされている。そして「これらセクシュアル・ライツが認知され、尊重され、実践され」てはじめて、私たちのセクシュアル・ヘルスが保たれるのである。

（日本語訳は、日本性科学連合によるもの。http://www.worldsexology.org/about_sexualrights_japan.asp）

性の権利宣言（一九九九年 世界性科学会議　香港）

1・性的自由への権利

性的自由は、個人が性的な潜在能力のすべてを表現できる可能性をもたらす。そしてこれは、人生のどんな時どんな状況における、あらゆる形の性的強要、性的搾取、性的虐待をも排除する。

2・性的身体の自律、完全性、安全への権利

この権利は、個人的および社会的倫理の文脈において、いかなる拷問、身体切断、不具化（mutilation）、暴力からも解放され、私たちが自分自身の身体をコントロールし、楽しむ権利をも意味する。

3・性的プライバシーへの権利

この権利は、他者のセクシュアル・ライツを侵害しない限りにおいて、親密さに関する個々人の意志決定や行動を保障するものである。

4・性的平等への権利

この権利は、セックス、ジェンダー、性的指向、年齢、人種、社会的階層、宗教、身体的および情緒的障害にかかわらず、いかなる差別からも解放されることについて述べるものである。

5・性の喜びへの権利

性の喜びとは、自体愛を含め、身体的、心理的、知的、そしてスピリチュアルな幸福（well being）の源である。

6・情緒的性的表現への権利

性的表現は、エロチックな喜びや性的行為以上のものである。個々人は、コミュニケーション、身体的接触、情緒的表現、愛を通じて、自己のセクシュアリティを表現する権利がある。

7・自由な性的関係への権利

これは、結婚するかしないかということ、離婚するということ、あるいは他の責任ある性的関係を結ぶという可能性を意味するものである。

8・生殖に関する自由で責任ある選択への権利

子どもをもつか持たないか、子どもを何人、どれくらいの間隔で産むかについて決定する権利、受胎調節手段の充分なアクセスが保障される権利を保障するものである。

9・科学的研究に基づく性情報への権利

性に関する情報が、何ものにも妨害を受けることなく、しかし科学的倫理的に実施された研究を通じて生み出され、あらゆる社会的レベルにおいて適切に流布されるべきであることに言及した権利である。

10・包括的セクシュアリティ教育への権利

これは、生まれたときからライフサイクルを通じた一生の過程であり、あらゆる社会的制度を巻き込むべきものである。

11・セクシュアルヘルスに関するケアへの権利

性の健康に関するケアは、あらゆる性の悩み、問題、障害の予防と治療に応じ、利用可能でなければならない。

インタビュー①

浜野佐知さん（映画監督）

「セックスこそ男女共同参画」

浜野佐知さんは、二〇〇七年の暮れにNHK教育テレビで放映されたETV特集『愛と生を撮る——女性監督は今』でも取り上げられたので、ご存知の方も多いだろう。三〇〇本を超えるピンク映画を女性の視点から取り続けてきた鬼才である。近年では一般映画への取り組みも勢力的で、大正末期から昭和初期にかけて活躍した尾崎翠の作品を映画化した『第七官界彷徨——尾崎翠を探して』や『こほろぎ嬢』、そして老人の性をテーマにした『百合祭』を発表し、国際的にも大きな話題を呼んでいる。興味のある方には、ぜひ浜野さんご自身が書かれた『女が映画を作るとき』をおすすめしたい［浜野2005］。

二〇〇八年二月の凍てつくような冬の日曜日、昨今の映画業界の不振ぶりを象徴する寂しくも、また痛快な珍事があった。四三年の歴史を持つピンク専門の映画館、大宮オークラ劇場が閉鎖される最終日。浜野佐知監督による三本のピンク映画で静かに幕を閉じるはずであった。ところが、この日、何と四〇人を超える女性の浜野ファンが押し寄せ、大宮オークラ劇場は始まって以来の大盛況となったのである！

回 自分から「やろうよ」ってのしかかっていく女しか描きたくない

――今年（二〇〇八年）二月の大宮・オークラ劇場での「浜野佐知ピンク映画特集」、大変な熱狂ぶりでしたね。

浜野◎ピンク映画館であんな四〇人を超える女性客が来たのは初めてじゃないですかね。大宮オークラ劇場始まって以来の出来事で。ただ残念なことに閉館の日でしたけれども。みなさんとても面白かったとおっしゃって下さって。女性ってピンク映画を見たことない方が多いので、ピンク映画とアダルトビデオをかなりごっちゃにしてると思うんですよ。それが全然違うものだということは分かってもらえたような気がします。

――簡単にピンク映画とアダルトビデオの違いを教えていただけますか？

浜野◎ピンク映画というのは、一九六二年から始まった大手五社（東映、大映、東宝、松竹、日活）とは別の独立プロ系が作る映画で、R18、つまり成人指定の映画を指します。上映も通常の映画館ではなく、ピンク小屋（成人指定映画館）と言われる専門館のみで上映されます。

アダルトビデオはビデオカメラで撮るポルノビデオ。私もアダルトビデオを撮ったことはありますが、映画とは全く別物ですね。ピンク映画はシナリオがあって、監督がイメージを膨らませながらカット割をして、そのカットを積み重ねていってひとつの作品にする。一方、アダルトビデオってライブなんですよね。目の前に起こっていることの中で一番いいものを吸い上げていく。そこで行なわれているもの、演じられているもの、基本的には本番といわれる場面がアダルトビデオでは多いから、そのリアリティをライブですくいあげていく、その違いのような気がします。

もうひとつ、ロマンポルノというのがあって、これもピンク映画とはまた違うんですね。「ロマンポルノ」はにっかつという大手の映画会社が製作したポルノ映画の総称で、一緒くたにされてしまっていますが、ピンク映画はあくまでも独立プロダクションが低予算で作るプログラムピクチャー。大手映画会社がつぶれかかった時に社運をかけてまきかえしをはかったものとはちょっと違う。

――そうすると、浜野さんが映画をつくるときとアダルトビデオのときでは感じが違うということですね。映画の方が浜野さんのやりたいことができる?

浜野◎いまはVシネマというまた別のジャンルが出来てきまして、これはビデオ機材を使ってつくる映画。だからVシネマだったら映画のような作り方でできるけれども、アダルトビデオは二、三本やって、私には向いてないと思いましたね。計算できない「本番」は私には撮れない(笑)。

――この前見せていただいた『桃尻姉妹・恥毛の香り』(二〇〇六年)、『巨乳DOLL・わいせつ飼育』(二〇〇五年)、それから『SEX診断・やわらかな快感』(二〇〇八年)、どれも浜野さんの個性炸裂という気がしたんですけれども、浜野さんがピンク映画の世界に入られたのは六八年で、その時は助監督でしたよね。いつごろから自分のつくりたい映画をつくれるようになったんですか。

浜野◎一九八四年に旦々舎をつくってからですね。

――監督デビューは一九七一年ですね。

浜野◎そう。デビュー作は『十七才好き好き族』という作品です。どういう映画かというとフーテンがいた時代ですので、実際に新宿のフーテンだった両親がインド人と日本人のミックスのキスム南ちゃんという女の子を主演にして、一七才のバージンの女の子が自分から男を選んでセックスすることを選択する。自ら処女を捨てることによって自分が背負っていた母親との確執や人種差別なんかを乗り越えて、新しく歩き出していくというストーリーだったんです。

最初から私の映画は女性が主人公でしたね。女を男の添え物としてではなく、女の性をきちんと描くということをずっとやってきた。あくまでも女が自ら望んでセックスをする。でもピンク映画って、女の監督がいないのは当たり前としても、プロデューサーもスタッフも全部男なわけ。男には理解できないんですよ、女が主体的に欲情するってことが。しかもピンク映画は男の観客のための映画だから、男のセックスファンタジーを満足させなきゃいけない。そのセックスファンタジーが何かといえば、レイプでも女は突っ込めばすぐ喘ぐとか、男がぐるぐる帯を引っ張って女が「あれー」とかいうのを押し倒すとか(笑)、そういうことなんですよね。女を男の目線で犯していくことで男は欲情する。だから私が描く女像はダメなんですよ。たとえば若い女の子が自分から全裸になって男に「やろうよ」という、この「やろうよ」という台詞が通らないわけですよ、男のプロデューサーだと。女に「やろうよ」なんて言われたらしらけちゃうじゃないかと、女は恥じらいながら股を開くのがいいんだと。

でも私の主人公はやっぱりそれじゃ困る。自分から「やろうよ」ってのしかかっていく女しか私は描きたくないわけだから、その辺でずっとぶつかっていた。それでやっぱり自分がプロデューサーにならないと、自分の好きなものは撮れないと思って、八四年に自分の製作プロダクション、旦々舎をつくった。

当時風俗ライターだった山崎邦紀との出会いも大きかったですね。彼が、それまでずっと男のプロデューサーと闘いながら撮り続けてきたものに理論づけしてくれた。それで私が撮りたいものを彼が脚本にするというコンビができあがっていったんです。

それからですよね、きちんと方向性がでてきたのは。

——理論づけってどんなことですか？　浜野さんにイメージがあったものを言葉化するってことですか？

浜野◎そうですね、言葉はわるいんだけど、フェミニズムおたくみたいなところが彼にはあって（笑）。私は私で本能的な部分でそれをずっとやってきたわけですけど。浜野山崎コンビになって、野生が理論武装したんですね（笑）。その後は「女の性を主体的に描く」というライフワークでずっとやってきて、二人で作ったピンクは二五〇本くらいあるんじゃないかな。ただ、彼も男ですからね（笑）。どうしても根本のところで相容れないものもある。だから、映画が出来上がるとだいたいけんかになりますよ（笑）。

■　男根主義をぶちこわしたい

——浜野さんとしては、自分が伝えたいと思って撮っているものが、見ている人に伝わっている感覚っていうのはあるんですか？

浜野◎まず、私が伝えたい人は女性なんですよ。私のピンク映画を見てもらいたいのはあくまでも女性なのね。だけどピンク映画館に女がこない。そういうジレンマはずっとありました。本来は女性に見てもらいたいんだけれども、見てもらえないんだったら、男たちに君らのセックスは間違っている、君らの女性観は違うんだということを伝えたいというのはありましたよね。

――先日オークラで上映された作品でも、おじいさんやいわゆるEDになるとセックスできないという思いこみを粉々にする、勃たなくてもセックスできるよ、というものでしたね。

浜野◎男根主義というものをぶちこわしたいというのがあります。やっぱり男がプライドを持ってるのはちんぽこなわけですよ。二〇〇三年かな、新東宝映画で『やりたい人妻たち』という映画をつくったんですけれども、これは当時吉祥寺にキム・ミョンガンさんが開設した、「せい」というセックスカウンセリングのパロディ。カウンセリングにきた女性に対して、男がズボンを下ろして「ご安心ください」と、「私のコレであなたをきっといかせてあげましょう」みたいなことを言う。そこで女がせせら笑って「イクだけなら自分でだってイケるのよ」ってオナニーしてみせる（笑）。ちんぽこ一つでさ、女性をなんとかしようなんてナメてんじゃねえよっていうのはすごくあるから、そういう思想は本当にぶちこわしてやりたい、というのがあって。

それから、浜野映画の特徴のひとつとして、ザーメン返しというのがあります（笑）。ピンク映画なのでエロを撮るテクニックというのは必要なんですね。セックスを描くとき、ポルノ度の高いものを見せていかなきゃならない。これはプロとして当たり前のことなんですけど、そうすると当然フェラチオだとかそういうことも描くわけです。でも私の映画の場合、フェラチオをしたあとに、出されたものは必ずお返しする。これは男の監督は絶対やらない。口内発射したものは、必ず出した男の口の中にお返しする。もちろんザーメンだって本物じゃないですよ、つくりものですけれども、それでもやっぱり男優は大ショックで、それだけはいやだって大騒ぎする男優もいましたね。けど、女優はけっこう喜ぶんです。

――（笑）そういうのってどこで思いつくんですか？

浜野◎それは私がそうしたいと思うからですよね（笑）。あと、膣内発射されちゃったら走っていって、顔の上にまたがって垂らすとかね。そういうのが好きでよくやりますね。あ、もちろん本当に膣内発射してるわけじゃないですよ、映画の設定の中でね。

――ポルノ映画で難しいのって、女性が「イク」のを描くことだと思うんです。つまり男の場合は射精するから明らかに分かる、必ずしもそれが快感かどうかは別の問題としても。だけど女性の場合は、それをいかに見せるかというのはすごく難しい。アダルト系の映画を観ていると、逆にパターン化させることで安易に解決している気がします。その点、浜野さんの映画では、女性が生き生きしていると思って。

浜野◎それはまあ、イク演技も感じる演技も表情も、全部女優さん次第なんですけど、たとえば、本番ビデオのようにライブのリアリティを追求できない分、指先の動きとか唇の動きとか、目の動きとかそういう女性の肉体の動きというのは細かく撮っていくようにしていますね。それらを積み重ねていって、感情が高まっていくところを見せていく。私の映画の特徴として、挿入するまでが長いっていうのがあるんです。男の監督のピンク映画って、とにかくすぐ入れるんですよ。で、入れたあと一生懸命腰を使ってるというのがほとんどなんですけど、私の場合は入れたらおしまい。だって現実にさ、愛撫と挿入だったら挿入の方が面白くないと思うんですよね。

——そうなんですよ。そこが不思議なんですよね。なぜそんなにつきまくることにこだわるのか。

浜野◎とくに日本映画なんて、例えばやくざ映画、とくに深作欣二さんの作品なんかそうだけど、わーっとのしかかってってばっとちんちん入れると、女優さんが「アッ」て言ってそこからはストップモーションになったりする（笑）。そんなバカなって思っちゃうよね。やっぱり男ってちんぽこ至上主義、ちんぽこだけで女をイカせられると思ってるんですよね。

◘　一緒にイクなんてありえない

——どうしたらいいんでしょう。女の子の側もそういうものだと思っているんじゃないかというのがあって。この前セックスワーカーのわたりさんにインタビューしたんですけど（本書一四二頁）、彼女が言っていたのは、周りの若い子たちを見ていると、どこで学んだか知らないけれどみんなセックスするとき同じようなリアクションをすると。あれってなんなんだろうねって話になったんです。男もこうだと思っているけど、女の子も知らないうちにそうなっている。

浜野◎私もいつも思うのは、ピンク映画とかアダルトビデオって元々女優さんが来ないわけですよ。昨日まで他の仕事をしていたような人が、いきなりいろんな事情で来て女優をやる。ということは演技なんか全然できないんですよね。でもカラミだけは出来る、みんな。イク表情とか本当にうまいんですよ。これはどういうことかというと、普段のセックスで演技しているからですよね。男のためとか彼氏に嫌われたくないとか、いったふりして早くセックスを終わらせるとかいろんな理由はあるんでしょうけど、ほとんどが演技だと思うんです。だってさ、どう考えたって昨日今日セックスしはじめた女の子がエクスタシーなんてそうそう感じるわけない。なのにイッたふりをしてるっていうことですよね。その演技というのを、男が喜ぶようにやっていくとみんな同じような「イッたふり」になっていく、ということじゃないかと思うんだよね。

――それは面白いですね。さっき話したわたりさんは、恋人とセックスするときに「集中するから演技しないよ」って言うことがあるそうです。それを親しいお客さんに言うと、もう相手は興ざめで全然乗ってこない。本人はすごい感じているから演技しないんだけど、それは相手にとってはつまらないって。

浜野◎やっぱりね。ようするに幻想があるんですよ。男にも女にも。本当はセックスしながら、今日の晩のおかず何にしようとかさ、帰りに買い物しなきゃとかそんなこと考えながらやってるわけですよ。なのにいったんセックス始めたらみんな頭が真っ白になるくらい感じなきゃとかさ。それがセックスだと思っていること自体が大きな間違いじゃない？　日常のセックスで、最初から最後までわーわー感じまくるセックスなんかどこにあるのと思うわけよ。

――あと勘違いしているのは、二人で一緒にイくものだっていう幻想。「一緒にイカないのは愛がないから」とか。

浜野◎私の映画では、絶対に一緒にはイカない。まず女を先に、クンニでイカせろ、とにかくなめていかせろと、それが男の務めであると（笑）。いかせてから入れろ、というのを私はずっとやってきた。女性がイッてからはじめて挿入を許してもらえて、それから男がいく。挿入だけでは女の人はなかなかイカないよ、ということなんです。一緒にイクなんてことはありえない。順番にひとりひとりイクようにすればいいと思う。

――それぞれのペースでいいわけですよね。無理に合わせる必要はない。

浜野◎そう、それがお互いのからだや快感を知ることになるじゃない。ニッポンの男の一番悪いところは、女性のからだなんて百人いれば百人違うし、性感帯も感じ方も全部違うものを、「女」ってひとくくりにしてごっちゃにしちゃっているところ。で、女をひとくくりにして、入れりゃイコール感じると思っちゃってるのがまたいけない。自分のパートナーがどういうクリトリスを持っていて、何をどうしたら感じるのかということをきちんと把握した上でセックスしなきゃ。女からしてみたら、面白くないセックスほど時間の無駄っていうか、くだらないことはないわけですよ。男みたいに単純にこすって発射して一巻の終わり、ってものじゃ全然ないわけだから。

――そうですね。私も大学の授業でまさにそれを言っていて、性器ってみんな同じだと思ってるようだけど違うんだよ、顔が違うようにみんな違うし、感じ方も違うんだよっていうんだけど、みんなあぜんとしている。考えたこともないみたいなんです。それが非常にショックで。

浜野◎若い子に話きくと、本当にアダルトビデオみたいに射精のとき走ってきて顔にかけられるとかあるみたいね。フェラチオで口内発射されて飲めないと彼氏に愛がないってせめられたりとかね。

――もっとみんな浜野さんの映画をみてくれればいいんだけど（笑）。そうすればもっと違う性的な関係もあることが分かるし、セックスに対するイメージも変わる。

回 セックスこそ男女共同参画

――これまでバッシングとかありましたか？ たとえばフェミニストの人からセックスを描くことに対して「ポルノを撮るなんて」とか。

浜野◎八〇年代はありました。いわゆる性の商品化が叫ばれたころは。ただまあピンク映画だから、初めから女性は観ない。だからはっきり名指しでバッシングということはなかったけれど。面白かったのは一度だけ女優さん探そうと思って、山手線の中でアダルトビデオの情報誌を開いてたら、隣に座っていたおばさんがいきなり血相変えて立ち上がって「あんたみたいな女がいるからだめなのよ、上野千鶴子さんの本でも読みなさいよ」って（笑）びっくりしちゃってさ私。これは私の仕事なんだと言い返したことはあるけど。その人がフェミニストかどうかは知らないけど、性を汚いものとかいやらしいものとかそういうふうにとらえている人は確かに多かったかもしれないですね。

――上野さんはむしろ早い時期からセクシュアリティのことを言ってきた人なのに。でも女性学や女性運動をやっている人の中には、セックスの話をするとすごくいやがる人ってやっぱりいます。私も仲間だと思っていた人から、叩かれてしまうみたいなこともあります。女性の自立とか新しい人間関係をつくるために言っているのに。

浜野◎ようするにセックス＝愛という概念をものすごく持ち出してくる人たちがいるわけですよ。私は逆にセックス＝愛というのをぶちこわしていきたいわけ。なんで愛がないとセックスできないんだ、と。セックスなんていうのは、私にしてみれば自分自身の心の解放であり、体の解放なわけよ。愛なんか必要ない。そりゃ好きなパートナーとのセックスはすごくいいものだけど、だからといって愛し合ってなければセックスできないということはまったくないし、セックス＝生殖でもないわけですよ。セックスなんていうのは日常生活の中の、ご飯食べたりトイレに行ったりするのと同じで、自分がやりたい時にやりたい人とやればいいと思うんですね。でもどうしても当時は、やっぱり新しい考えをもっているような人でもセックスは愛し合ってするべきであると、そういうこと言う人がけっこういた。私なんかただの淫乱女が女のからだを商売にしている、という見方しかされなかったと思いますね。

――セックスと愛って違うものだし、セックスがうまくいかないから愛してないなんていわれるような愛だったらいらないですよね。たかがセックスって思うんですけれども。

浜野◎私はよく若い子に、男を選ぶときは寝てみてから選べと言っているんですよ。セックスの場で本当に対等になれるか。本当に平等にお互いがお互いを扱えるか。そういうことができる相手かどうか見極めて選べって。

――それはすごい面白いと思う。なかなかピンとこない人もいるでしょうけど。というのは、セックスすること自体が不平等と誤解している人がいる。それこそ一部のフェミニストはセックス＝レイプみたいに言う人もいます。でもそうじゃないと私は思う。浜野さんのいうセックスの場での平等、対等とは、どういう関係だと思いますか。

浜野◎言いたいことを言い合える関係だよね。私は「セックスこそ男女共同参画」って言ってるんだけど（笑）。私が女の子たちに言うのは相手のいいなりになるな、自分のやりたいことを全部口に出して言えと。いやなものはいやだと言う、してほしいことはしてほしいと言う。たとえばフェラチオしてくれといわれたら、じゃあクンニもしてもらえと。同じことをお互いにやりあってお互いがお互いを大事に思えるかどうかをきちんと自分で感じなさいと。

――そうですね。お互いがお互いを大事に思えるか、セックスの場で実際にためして、それができる相手かどうかというのが重要ですね。

浜野◎それでセックスしてみて芽生える愛だったら長続きするんじゃないでしょうか。一番いけないのは先に惚れたと思いこんでやるセックス。最悪ですね。好きだという認識が先にあると、嫌われたくないという気持ちが出てくるから怒れなくなっちゃう。

――そういう女の子は多いですね、相手のことが好きだから、相手の思うとおりにしてあげたいと。

浜野◎いくら自分が好きだと思っても、自分がいやなことを強要してくるような男は捨てるべき。女の子の、彼氏に嫌われたくないという気持ちって本当に強いんだよね。すべての不幸っていうのはそこにあるよね。望まない妊娠にしても、病気にしても結局、嫌われたくないっていう思いで男のいいなりになってしまうからそういう結果になっちゃう。若い男なんてやりたいだけなのに、そんなの相手にして愛だのなんだのと言うこと自体が間違ってる（笑）。

回 セックスって大事なんだけど、大事でもない

――男女の関係、あるいは同性同士でも、セックスにおける関係というのが変わっていくことで、いろんなところに変化が起こると思うんです。日本でも二〇世紀後半から女性学やフェミニズムががんばってきた結果、たとえば職業選択だとか家事の分担などの男女共同参画の意識は、若い子たちにもそれなりに浸透しているんですよ。ところが恋愛とセックスだけは細かい部分で全然変わらない。ひとつにはやっぱりセックスはプライベートなことだから、フェ

ミニストもあまり触れずにきたと思う。

浜野◎セックスというものを扱いかねているところがあると思うんですよ。セックスって大事なんだけど、大事でもないわけよ。たとえばセックスレスが問題なのかといったら、私はそれほど問題だとは思わない。お互いがよければ別にそれでオッケイじゃない？　自分とパートナーにとって何が一番気持ちがいいことなのかというのをお互いが認識していれば、周りが何を言おうと関係ないと思うんですよ。

――無理にセックスをしない関係が心地いいという人もいるわけですからね。

浜野◎勃たなくても、指だの口だのを使ってのセックスがいいっていう人もいるだろうし。私なんか元々勃たない男の方がむしろいい（笑）。

――セックスじゃなくてもマッサージしてもらうとか肩をもんでもらうとか、あると思うんです。浜野さんの映画『百合祭』で、男をとりあっていた二人の女性が、最後にキスして仲良く手をつなぐ、あれは私にとってとても自然なことに思えたんです。つまりセックスとか愛とかいうものを分けて考えるんじゃなくて、やっぱり人と人との関係で、その人に近づきたいという感情として体にふれあうってすごく自然なことだと私は思ってたんですけど、授業で見せたら、あの場面で百何人いる学生の多くが「えぇーっ」って。それで逆に私もびっくりして。

浜野◎そういう人けっこう多いみたいですね、あんなもんでびっくりしてるから日本はだめなんだよね（笑）。

やっぱり男と女の対幻想というものを壊していかないとどうしようもない。私は『百合祭』のラストは、男と女はセックスする関係という幻想から解放していきたいと思ったんです。

――あれはすごい象徴的だったと思う。こういうふうにしなきゃいけないって思っていたものがそうじゃなくて、自分の好きなようにすればいいんだっていう方にシフトした瞬間を表現したと思う。

浜野◎でもヘテロの人はやっぱり怒るわけですよ、とくに男の人たちはね。ああいうレズビアンの関係になっていくというのは。で、レズビアンの人からみたら、またこれはこれで怒られちゃうわけ。いままで男を取り合っていたのが何で急にレズビアンになっちゃうんだと。レズビアンというのはこんなもんじゃないと。あまりにも安直に描きすぎてるんじゃないかと。つらかったですよ。私はあの映画でレズビアンを描きたかったわけじゃない。ヘテロの関係に閉じこめられてきた女の人たちがそこから解放されていったからああなったわけで。だから、好きになったらその相手が男だろうが女だろうがいいわけだし、なんでそれがヘテロだレズビアンだゲイだって分けなきゃいけないのか、私は昔から本当にそれが分からない。バイ（・セクシュアル）だっていわれちゃうしさ、私なんか（笑）。

——私もそうですよ（笑）。

浜野◎別にバイっていわれても、ねえ。

——誰でもいいってわけじゃないのに。

浜野◎私は私だから。その時好きになったのが男とか女とか犬とか猫とか亀とかあるじゃないよ、ふつう。それをやれバイだのレズだのって言われても、というのが元々あって。そういうカテゴリーに人間を入れちゃうのは私は面白くないと思う。レズビアンが男とやったってありでしょ、いいじゃない別にって。生理的に男はだめという人はいるんだろうと思うわけ。だけどそうじゃなくて、気持ちいいことだったら何でも好きっていう人もいる。だけど、気持ちいいことが好きなのが、なぜか低俗なようにいわれちゃう。差別の中に差別をつくるようなものじゃない？　って思うんだけど。

——そういうふうに、カテゴリーが「女とは」とか「レズビアンとは」というふうになると、今度は生きにくくなっちゃうんですよね。

■自分が気持ちよくなりたい

浜野◎私、日本の女の人の大半は幸せなセックスをしてないと思うね。幸せというのは精神的にも肉体的にもっていうことだけれども。『百合祭』の上映会で私がこう、がーっと景気いい話をしても、浜野さんのいうことは分かるけど私はもうセックスはこりごりという人がかなりの割合でいる。だから私はセックスがこりごりなのはあなたのせいじゃないっていうんだよね。それは間違いなくパートナーのせいなんですよ。

——そういうとき、セックスっていう行為がその人たちの嫌悪の対象になっちゃうけど、実はその人がたまたましたセックスなんですよね。セックスの話をするときって、その人の体験が出る。だから、いいセックスをしていないとかいやな思いをしたことがある人は、やっぱりセックスの話をするのがすごくいやだし、認めたくない。

浜野◎だから私はとりあえずみんなオナニーすればいいと思うんですよね。私はセックスでいくのはすごく難しいと思うんです。それはテクニックもあるし、相手との人間関係もあるし、やっぱり長い経験とお互いの理解があって、というものだと思う。でもオナニーだったら、自分のからだのことだからよく分かる。エクスタシーにいきやすい。まずオナニーで自分の体を知ってエクスタシーを知って、同じ肉体をもつ女だったら女同士、男だったら男同士でセックスしてみて、それからですよ、異性とのセックスは。

――同性の方がとりあえずどうしたらいいかっていうのが分かると思う。

浜野◎最初は同性の方が絶対いいと思う。どのみち、いま生殖のためにセックスする若者なんかひとりもいませんよね。だけどセックスイコール生殖だという概念だけ残っちゃってるから、そういう発想にならない。女が快感のためにセックスをするという歴史はものすごく短い。私の母親世代だと結婚したのが戦時中ですけど、全裸でセックスしたことがないって言ってましたからね。セックスはお互いを愛し合ったりするような行為ではなかった。パンツを脱いで挿入して種を出せばそれでオッケイという行為だったわけですよ。だから日本には女がセックスを楽しむ文化というのは本当にはないんだと思うんです。土台がない。

ピンク映画を二五年もやってると、裸になってセックスの演技をする女の子たちをずっと見てるわけですけれども、やっぱり六〇年代から七〇年代というのは、泣き泣き脱ぐような人たちが多かったわけですよ。大部屋の女優さんでこのままじゃ芽は出ないけどピンクで脱げば主役になれるっていう目的だったり、お金のためだったり、でも脱ぐ仕事というものをすごく恥じているという人が多かった。

けれど、そういう意味で女の子が画期的に変わったのはアダルトビデオが出てきてからですよね。アダルトビデオには第一次淫乱ブーム、第二次淫乱ブーム、第三次淫乱ブームまであって、その第一次淫乱ブームの時、豊丸とかさやかとかそういう突出した人たちが出てきた。その時はやっぱり女の子たちの性意識ががらっと変わったなと思いましたね。豊丸たちはそれまでの女の子たちがどうしても超えられなかった性のハードルを軽々と超えてきた。自分が気持ちよくなりたい、気持ちよくなるために本番やってなにが悪いって堂々と言ってた。だから一番最初のころのアダルトビデオは本当に面白かったですよ。豊丸は大根をつっこむというので有名になった子なんだけれども、大根だろうがすりこぎだろうが私はプロだからイッてみせるって言ってましたし、ありさっていう子はやっぱりセックスが好きで、その子はちんちんが好きなんですね。男は顔じゃない、ちんちんだと。私がセックスするのは相手の人間性とやるんじゃなくてちんちんとやるんだから、ちんちんを見せてもらわないと私はセックスしないっていって、その気になるとその辺の公園のトイレに引きずり込んで男のパンツを下ろしてちんちん見てオッケイかどうか決めるっていう。ちんぽこ主義は反対だけど、それはそれで私は素晴らしいと思ったんですよ、なるほどなあと。そういうふうにセックスを男のためにやる行為じゃなくて自分のためにやるというふうな認識が出てきたという気がしましたね。

ところが二一世紀に入ってまた後戻りしてきちゃったという気がすごくする。なぜかは分からないけれど、アダルトビデオに関していえば、いま言ったような自分のためにアダルトビデオに出演する女の子たちが出てきて、今度はそういう女の子たちが金になるとふんだ男たちが出てくるわけ。そういう男たちがプロダクションをつくって女の子たちを管理しはじめた。それで女優のギャラが一斉に一本三〇〇万とか五〇〇万とかバンとハネ上がった。そうなると、自分のためにセックスするという女の子たちが逆にいなくなってきちゃった。ようするに管理しきれないわけですよ、さっき言ったような、自分のためにやるような女の子っていうのはね。男のいうことをきいて、おとなしく、感じようが感じまいが股をひらくような女の子の方が多くなってきたわけですよね。それでアダルトビデオは面白くなくなってきたと思う。ただ、一般の女の子たちも、自分の性欲のためにセックスするような女の子が本当に少なくなってきたような気がするんですよね。

——ある意味ではセックスに興味がなくなったんでしょうか。情報としては格段に増えているし、アクセスしようと思えばできるようになっているわけだけれども。

浜野◎私なるほどなと思ったことがあるんだけど、ある二〇才くらいの女の子が言っていたことで、情報が多すぎるじゃないですか、情報が多すぎるということはつまり、自分が望むと望まないにもかかわらずそういう性的な場にいなきゃならない。それが一番いやだと言ってましたね。自分はまだセックスには興味ない。だけど好むと好まないとにかかわらず性的な存在として周りから見られてしまう。私たちが若いころというのは、それこそ情報なんか全然ないから国語辞典でわいせつな言葉をひいてドキドキ（笑）みたいな状況だったから、それぞれの成長や興味の度合いで性へのアクセスも個人個人だったけど、いまはもう一歩外に出ればそういう目にさらされる。だから逆にぎくしゃくしちゃうのかな、って気がしないでもないです。たしかに電車に乗ればおっぱいもろだしみたいな吊り広告がある中でみんな学校通ったりしなきゃいけないわけだしね。

——迷惑メールだのなんだの見たくもないものがくると、ああもういやだって思いますよね。

浜野◎私は自分がセックス好きだからいいけど、生理的にいやっていう人もいますからね。嫌いなものを無理矢理、いまの日本の現状の中に引きずり出されるわけだからいやになっちゃいますよね。

◘ 感じるというのはすごく豊かなこと

——今後、人間同士の性的な関係ってどうなっていってほしいと思いますか？　言いたいことがいえる関係になればそれでよくなると思いますか。

浜野◎男とか女とか、性差をなくすような関係になった方がいいと思いますね。あと年齢。基本的に人間は若かろうが年をとっていようが男だろうが女だろうが、性的な生き物として不愉快でないセックスができるというのが一番いいと思う。そのためにはみんな自分の気持ちいいことにどん欲にならなきゃいけないと思うんだよね。

——その時にやっぱりロールモデルって必要だと思いませんか？　やってもいいんだよと言ってもらったりとか、こういうふうにやってる人もいるよとか……。

浜野◎そこなんですよね。セックスのことで一番困るのは。たとえば私とか中村さんが声を大にして言う、すると分かってくれるわけです。うんうん分かる分かるって。でもそれを自分がやるかっていったら、そこに溝があるんだよね。これが難しい、すごく。いや分かるけどうちの夫にそんなこと言えないって、どうしてもなっちゃうじゃないですか。

――でも少なくとも浜野さんの映画をみたら元気になる女の子もいるし、元気になるおじいさんもいるし、性的コンプレックスをもっている人たちも元気になると思うんです。やっぱり言葉で説教されたり授業とかじゃなくて、自然に見たり楽しんでいる中で入ってくるものってすごく可能性があるなって思います。

浜野◎私は言葉は大事だと思うんですよ。教育なのかね、性のことを語らないっていうのは。教育されているんだよね、きっと。

――そうですね。語ってはいけないということを教育されてると思う。性についてもっとオープンに話せれば、無理にセックスすることもなくなると思うんです。そうすれば当然望まない妊娠も減るだろうし、性暴力だって回避できると思うし、自分がゲイだとかレズビアンだとかあるいはトランスだからってそこまで悩まなくてよくなるのかなって。自分のこと棚にあげていいますけど、でも本当にそう思うんです。私自身も話すことができたり、自分の思いこみが崩れることで楽になった。

浜野◎そうだよね。たとえば夫婦を三〇年やってるからといって、じゃあ夫婦間でセックスのことを話すかっていったらやっぱり話さない人が多いと思う。なんで話さないんだろうっていったら、いまさらと思うのかそんなのはしたないって思うのか知らないけれども、話さないと何も始まらないですよね。

――ところで浜野さんは性を直接扱わない映画もつくっていらっしゃいます。『こほろぎ嬢』（二〇〇六年）とか『第七官界彷徨・尾崎翠を探して』（一九九八年）とか。そういうときに自分が今まで性を扱ってきたことって関係していると思いますか？

浜野◎それはもちろん。たしかに一般映画だし女の人の裸は出てこないけど（笑）、私は尾崎翠の作品というのはとてもエロチックだと思ってるんですよ。無性のエロスっていうのかな、匂いとかね、五感の中に潜むエロスを私は感じてしまう。尾崎翠はそれを第七官界と呼んでるんだけど、私はこの第七官界こそ霧のかかったエロスの世界だと思ってるんです。だから『第七官界彷徨・尾崎翠を探して』のときに苔が花粉をまき散らすシーンがとてもエロチックだったっていう感想があってとてもうれしかったし、この前芥川賞をとった川上未映子さんが、『こほろぎ嬢』で原作を読んでいるときはエロスのかけらも感じなかったけれど、映画になって少女が柿を食べているのがものすごくエロチックだった、「これは浜野監督の色気技だ」って言ってくれたのはうれしかったですね。

――最後に、浜野さんにとってセクシュアリティって何ですか?

浜野◎うまく言えないけれど、生きるってことじゃないかと思う。それと、自分の存在、という感じなのかな。自分が自分として存在して、自分として生きるためにそのど真ん中を歩いていきたいという感じなのかも知れないですね。セクシュアリティのど真ん中を歩いていくことが自分が生きるってことなんじゃないかと思います。だから私は欲情の対象っていうのは決めたくないよね。だって人間って本当にもっと豊かなものだと思うわけよ。美しい花をみて濡れることだってあるわけだからさ、それを押し隠したくはないし、花で濡れて何が悪いとひらきなおって生きていきたいと思うよね。

――感じるってことですよね。感じることが生きていること。私の祖父が絵描きだったんですけれど、感じることが大事だって、自分で感じたことに能動的に反応していく、それが生きていくということだし表現するということだと。いまお話を聞いていてそのことを思い出しました。私にとってセクシュアリティって、性のことだけじゃなくて美術もそうだし音楽も食べ物もそうだって思うんですよ。やっぱり生きていくことの基本かなって。

浜野◎感じるというのはすごく豊かなことだと思うので忘れたくない。そのためにも、やっぱり性欲はなくしたくない（笑）。まあ百歳になってもセックスしたいですね。相手がいるセックスだといろいろ面倒だという人には愛用バイブをまず一本、というのをみなさんにおすすめしたいですね（笑）。本当にね、性欲や性感は自分の体調のバロメーターになることもあるんですよ。朝のバイブオナニーでさ、朝から元気で今日もオッケイみたいな日もあればなかなかいけなかったりすることもあるじゃないですか。今日は体調が変だなあってそういう自分のエネルギーのバロメーターにもなりますよ、っておすすめしちゃったりして（笑）。

（インタビュー：二〇〇八年三月一八日）

イメージとしては土蜘蛛…でも、こっちは悪役だけど…悪役上等…?
一本の赤い糸もロマンチックで
すてきですが
たった一本に全てを託すより
いっぱいあったほうが
いいんじゃないかと
思います…
ときえ

第4章 ◆ ジェンダーの思いこみを解きほぐす

男女がわかり合えないのは脳のせい？

何人かで昼食をとっていると、そのうちの一人が「昨日テレビで『徹子の部屋』を見ていたら、ゲストが男の人と女の人がわかり合えないのは、脳に違いがあるからだって説明してた……。ああ、だから普段うまくわかり合えないのかと妙に納得した」と話し始めた。私は内心「ああ、またこの話か……」と思った。というのも、これまでさんざん「男女の違いは生まれつきか、それとも生育環境か」という議論を、ふっかけられてきたからだ。

男女の脳を複数比較した際、そこに構造的違いが数量的に導き出されることに対して、私は反論するつもりはない。しかし、なぜそれがいきなり「わかり合えるかどうか」というところまで話が飛んでしまうのだろうか？　男女の行動の違いに生物学的要因があるとしても、どうして、それがあらゆる行動や思考方法にまで直接結びつくと考えてしまうのだろうか［ファウスト＝スターリング 1990］。

「ジェンダー」という言葉が使われるようになり、男女の身体的差異に対する再考がうながされるかと期待した時期もあったが、どうやら「ジェンダー」に対する誤解や、バッシング言説に代表される意図的な曲解によって、混乱している人も多いようだ。あるいは、以前よりも性差問題に意識的な人が増えた分、通俗的な生物学的決定説を強調する人が多くなったのかもしれない。

こういう状況を見るにつけ、「ああ、また新しい〝人種〟差別問題が生まれつつある」という危機感を禁じ得ない。日本では、今でも人種は、生物学的な違いにもとづく分類と思われていることも多いが、そんなに単純なものではない。人種は歴史の中で、人によって、社会によって作られてきたカテゴリーである。にもかかわらず、その違いは〝身体的な違い〟として理解され、それによって差別や闘争が繰り返されてきた。

一九～二〇世紀を通じて欧米で生み出された「プロスティチュート」（売春）、「ホモセクシュアル」（同性愛）といったカテゴリーも同様である。それまで人々が時折していた行為に、国家政策とも絡みながら、精神医学や公衆衛生という手段を用いて汚名がきせられ、それらの行為をする人そのものが排除され、ある種の〝人種〟として差別されてきた歴史がある。

生物学的決定説に関する無批判な受容が繰り返されることで、男女は別々のわかり合えない〝人種〟となり、差別が助長され、暴力行為までが肯定されていってしまうのではないか。近年のアメリカ中心のグローバリゼーションの急速な広がりと、一見それと対立するかのように見えるナショナリズムの台頭にうながされて、日本でも男女の差が殊更強調されるようになり、それが身体問題に還元される昨今の状況から、新たな抗争が始まるのではないかと不安を抱くのは、決して杞憂ではないだろう。

この章では、性差やジェンダーについて考えてみたいと思う。

性差とは何か

「男と女の違いは何か」。これほど自明のようでいて、自明でないものはない。先日、藤沢市の市民講座でゲスト講師として「性差・ジェンダー」という話をしたが、そこでも、まずこの質問から始めた。受講者から出てきた答えは、実にバラエティーに富んでいる。染色体。ホルモン。腕力。遊び。考え方。表現。第二次性徴。子どもを産むかどうか。子宮の有無。身長。のど仏。ひげ。トイレ。銭湯。声の高さ。精神的な強さ（特に逆境に遭った時）。強さ対やさしさ。社会的優遇度。体力（瞬発力対忍耐力）。親からの期待のされ方。食べ物の好み。職業。おしゃべり。（議員、社長など）代表者の数。化粧。「かわいい」とすぐに口に出すかどうか。外見への執着。問題の処理の仕方。会話の仕方。家を継ぐか。理想的対ロマンティック。子宮で考えるか。服装（スカートなど）。物事の意識。喫煙や飲酒の習慣。浮気の回数……。どんどん出てくる。私は全てに賛同したわけではないが、次から次へと繰り出される回答に「なるほど、そういう見方もあるのか」と感心しながら聞いていた。

これらの違いは、いくつかに分類できる。まずは身体に関することか（染色体、腕力、身長など）、社会的なことか（優遇度、代表者の数など）という分類だ。前者を「生物学的性差＝セックス」、後者を「社会的性差＝ジェンダー」と説明されることもあるようだが、これでは「なんだかわかったようでわからない」という人も多いだろう。というのも、生物学性差といっても、腕力、身長などは、分布の偏り（あるいは平均値）の問題で、個人差の部分も大きい。さらに重要なのは、染色体やホルモンのような性分化の根拠といわれるものでも、それらが一般に考えられているように自然の摂理として「生物学的性差」を決定しているわけではないからだ。

「え？ それはいったいどういうこと？」と疑問に持たれた方もいるだろう。それでは、まず人間が自然の摂理として男女に二分できるかという問題を、「インターセックス」を例にしながら考えていきたい。

インターセックス

まず、人間に性別はいくつあるか？「何をいまさら」と思われるかもしれない。たしかに従来のセクソロジー（性科学）では、性の分化を決定する要因として、性染色体（ＸＸ・ＸＹ）、性腺（卵巣・精巣）、内性器（子宮や前立腺など）、外性器（クリトリス、ペニスなど）、ホルモン（女性・男性ホルモンのバランス）が考えられてきた。これらによって分かれる性別を「生物学的（あるいは解剖学的）性別」、もしくは「セックス」と呼ぶ。

しかし、誰もがこれで男女にきれいに分別されるわけではない。世の中には、性腺が精巣か卵巣に分化していない／両方を含んでいる人、Ｙ染色体を持っているが外見の性別が女の人、外性器は女性型だが膣を持たない人、二次性徴が起きない／育てられた性とは別の性の特徴を持った二次性徴が起きる人などがいる。こうした性質を「インターセックス」あるいは「半陰陽」と呼ぶ（疾患名としては「性発達障害」、日本の当事者の中には「性分化発達障害」と言う人たちもいる）。インターセックスの子どもが生まれる割合は、統計によって（また、どこまでをインターセックスと定義するかによって）異なるが、目で見てすぐにわかる割合は、数千人に一人といわれている（詳しくは、日本インターセックス・イニシアティブのウェブサイト http://www.intersexinitiative.org/japan/ を参照されたい）。

ここで改めて「人間に性別はいくつあるか？」とたずねてみたい。生物学者アン・ファウスト＝スターリングは、「性別は五つある」という一九世紀の解剖学的知見を挑発的な意味をこめながら一般誌上で展開したことがある［Fausto-Sterling 1993］。彼女は、性腺（精巣・卵巣）が性別判定に重要な要素だとすれば、その組合せは五通りあると主張した。つまり、

(1) 精巣と卵巣の両方を持っている人

(2) 精巣を持ちかつ外性器が女性的特徴を持っている人
(3) 卵巣を持ちかつ外性器が男性的特徴を持っている人
(4) 精巣を持ちかつ外性器が男性的特徴を持っている人
(5) 卵巣を持ちかつ外性器が女性的特徴を持っている人

といった具合である。

私が講義をする時は、ここで、インターセックスの人たちの手記をいくつか紹介する。例えば、橋本秀雄著『男でも女でもない性・完全版』[橋本2004]には、インターセックス当事者である橋本さん自身の話はもちろんのこと、他の三人の当事者の手記が載っている。本人が知らないうちにインターセックスの手術や治療を受けたことで副作用に悩んでいる例、手術を受けないことを決意した例、インターセックスであることを公言せずに静かに生きることを望んでいる例などについて話す。

それから、二〇世紀中頃からこれまでの間、医学や社会がインターセックスにどのように対処してきたかを大まかに説明する。ロバート・ストラーやジョン・マネーらが一九六〇年代に考えた性別判定の基準やインターセックスに対する手術の慣行、それに異議を唱えた北米インターセックス協会のシェリル・チェースや、医学史の研究者であるアリス・ドムラット・ドレガーの活動を紹介する[Dreger 1998; Dreger 1999]。そしてインターセックスは、一般的な社会通念上からいえば「異常」に思われるかもしれないが、身体的な機能や本人の満足度を考えた場合、それが必ずしも「異常」とは言い切れない場合も存在する。むしろ逆に、治療や手術をすることで、身体的・精神的なダメージを被ることもあり得ると説明し、「正常/異常」とは何かを問いかける[ドレガー2004]。

一般に「男/女の身体」と考えられているのは、それぞれの典型例に過ぎない。実際には、性別に関する身体的特徴は、人間の顔がそうであるように、実に人それぞれである。男女の理念的モデルが二つの極に存在するとすれば、その間に位置する人たちがたくさんいる。

そういった事実を丁寧にみていけば、一般に「人間は生物学的に男女のどちらかに生まれる」と言われるが、これはあくまで「どちらかに生まれるはず」と思いこんでいるに過ぎないということがわかる。むしろ「私たち人間が、いくつかの生物学的な要因を根拠にしながら、他の人間を男女のどちらかに振り分けている」というのが現実である。このように私たち自身が、人間を男女のどちらかに二分するために共有にしている文化的プロセス、男女の振り分けを行う社会的装置が「ジェンダー」である。こうした二分化は、さまざまな力関係の不均衡を生み出すので、この権力関係も含めて「ジェンダー」ということも多い［Rubin 1975：ハラウェイ2000：上野2001］。

「性差」は「生物学的に存在している」というよりも、「私たち人間が男女の二分を行う中で作り出している差」ということができる［バトラー1999：Fausto-Sterling 2000］。これは決して、生物学で説明される男女による性差の存在を否定することではない。そうではなく、そうした生物学的性差も、実は、私たち自身が意識的に見出しているものであり、そういう意味では、ジェンダーの一つの効果なのである。（ジェンダーの入門書としては、加藤秀一『知らないと恥ずかしいジェンダー入門』［加藤2006］がお勧めである。）

性同一性障害は「障害」か？

「性別」や「ジェンダー」についての理解を深めるために、次は性同一性障害を取り上げてみたい。今の若者にとって、性同一性障害はずいぶん身近なものであるらしい。テレビ番組『3年B組金八先生』がこの問題を取り上げた効果は大きかった。またフェンシング元日本代表の杉山文野《ふみの》さんや、ＮＨＫ紅白歌合戦にも出場した中村中《あたる》さんなど、性同一性障害であることを公表している有名人が多いからだろう。そこで私の授業では、「性同一性障害とは何か」よりも、「性同一性障害は、なぜ〝障害〟か」に焦点をあてることにしている。

最初にＮＨＫ教育テレビの『ハートをつなごう』で放映された「性同一性障害」第一回を観る。これを選んだのは、番組の冒頭で杉山さん自身が「性同一性障害っていうと、なんだか暗～いというイメージがあるけど、もっと明るく楽しくいきたい」と話しているように、「性同一性障害＝かわいそうな人」という印象が強調され過ぎていないからだ。たしかに「かわいそうな」面はあるが、そこをあまり強調しても「厳重取扱注意」で終わってしまう。

番組は、杉山さんの体験を振り返りながら進んでいく。最初にカミングアウトをされた先輩の話や、家族の話も聞けるのは貴重だ。特にお父さんは後半スタジオにも登場し、自分の思いを率直に、ユーモラスな口調で語ってくれている。杉山さん以外にも当事者が三人出演しているので、それぞれの少しずつ異なった体験や考え方が聞けるのもよい。

いきなり映像を流すと学生は漫然と見てしまう可能性が高いので、先に次の二点に着目するよう注意をうながす。①性同一性障害は、いったい何が問題なのだろう？「障害」という言葉がついているが、どんな病気や障害なのか？ ②しばしば「心の性」という言葉が使われるが、心の性とは何のことなのか？

番組を一通り見終わったところで、私の方から少し解説を加え、先ほどの質問を繰り返した。周りの人と相談してもらい、それから各グループの代表に意見を言ってもらった。最初の質問、「性同一性障害は、どういう点で病気や障害か」については、実にさまざまな意見が出された。以下におおまかな分類をしながら紹介したい。

病気説……「周りの人と違うわけだから、病気だろう」、「自分で悩んでいたり、それで鬱になったりするのなら、やっぱり病気だろう」

病気→障害説　……　「生活に支障がなければ問題はないが、支障が出れば、それは障害だし、それで精神的に落ち込んだりすれば、病気といえるのではないか」

障害説　……　「いくら自分がよくても周りの目が気になるだろうから、障害になるだろう」、「病気というよりは、障害なのでは?」

消極的非病気／障害説　……　「性同一性障害が悪くなって、死ぬわけではないので病気ではないのでは?」、「自分がどう思うかの問題では?」、「社会以上に自分で偏見を持ち込んでいるのでは?」、「自分で悩まなくなったら、もう障害ではないのでは?」

積極的非病気／障害説　……　「個性と捉えればいいのでは?」、「最近は男でも化粧したり女っぽい人もいるし、性同一性障害なんて大げさなこと言わなくても、誰にでもありうることでは?」、「性同一性障害という病名を誰かがつけたから、精神病になってるだけで、そういう名前がなければいいのでは?」

社会問題説　……　「社会が男はこう、女はこうと決めてるから、問題なのでは?」、「周りが理解するようになれば、問題がなくなるのではないか」

私の予想をはるかに上回る熟考された答えが多かった。特に「誰かがそういう病名をつけたから」という意見には感心した。また「自分は性同一性障害じゃないけど、それに似たことはある」と言っている学生がいたのも印象的だった。

二つめの「心の性とは何か」については、「誰でも心の性には、男っぽいものと女っぽいものと両方あるんじゃないか?」、「社会で『男らしい』と言われているもの、『女らしい』と言われているものが、『男の心』とか『女の心』になるのでは?」といった意見が出された。

性同一性障害と聞くと、「障害」という言葉がついているので、「その人は障害をもって生まれてきたのだろう」とか、「生まれつき精神的な病気なのだろう」と思ってしまう人も多い。たしかに、そう言えなくもない側面もあるが、しかし、これは身体内部だけの問題では決してない。心理・社会的な問題でもあるからだ。

むしろ、性同一性障害というのは、性に関する自己実現が、さまざまな理由のためにうまく行なえず、そのため、自分自身を受け入れることができなくなってしまっている状態であり、その状態のために被る社会的困難、そしてそのために引き起こされる精神的苦悩を指すと、私は考えている［中村2005b］。特に問題を複雑にさせているのは、家族や友人などの近しい人とも思いをなかなか共有できない点である。これは、同性愛とも共通した悩みであり、そのことが与える精神的なダメージは大きい［セジウィック1999：106-107］。

トランスジェンダー

性同一性障害が障害や病気といえる側面と、そうともいい切れない側面と両方を抱えていることが理解されたところで、「トランスジェンダー」の話をしよう。関西のＲＯＳ《ロス》という若者サークルが、『トランスがわかりません!!――ゆらぎのセクシュアリティ考』という本を出版した［ROS 2007］。この本の最初に「入門！　トランス講座」という章があるので、詳しく知りたい人はそちらを読んでいただきたい。普通に聞いたら小難しく感じられる内容が、関西弁の口語調で面白おかしく書いてある。

結論だけ言うと「性同一性障害」が、異性愛と性別役割が存在することを前提にした精神疾患の名称であるのに対し、「トランスジェンダー」は、社会の性別区分を超えたところに存在する当事者自身が唱えるアイデンティティを表す言葉である［米沢2003：佐倉2006：Stryker 2008］。もちろん、こう言い換えたからといって、当事者の負担はあまり変わらないかもしれない。しかし、少なくとも、この問題が「個人の身体内の不具合」だけでなく、社会のジェンダー規範にもあるということを問題化する効果はある。

トランスジェンダーには、「性同一性障害」という疾患概念に収まりきれない人たちも含まれる。FTM（**Female to Male**：女性から男性）でも、乳房削除だけで男性性器を必要としていない人もいるし、MTF（**Male to Female**：男性から女性）で、女性ホルモンの摂取だけで性器の手術を望まない人もいる。また、FTM（あるいはMTF）だからといって女性（あるいは男性）を性的対象にするとは限らないし、バイセクシュアルだったり、同じトランスジェンダーに性的に惹かれる人もいる。さらには、MTXとか、FTXというように、男性や女性から、反対の性に移行するのではなく、〝X〟という簡単に他人から定義され得ないものになることを自称している人たちもいる。

人間は、簡単に「男女のどちらか」（性自認）とか「男が好きか／女が好きか」（性的指向）で割り切れるものではないし、アイデンティティも、発達期に一度決まったらそのまま永続するものとは限らない。アイデンティティの獲得に関するエリク・エリクソンの発達理論は、近代西洋的な中流階級以上の異性愛中心社会では有効だったかもしれないが、それはあくまでその文化内において有効な概念であり、社会のしくみや性の実情が変化してきた現在、その概念を無理にあてはめる必要は必ずしもないだろう。［参考：上野2005］

性的指向についても同じことがいえる。前章でみたように、人間は異性の人間のみを性的な対象とするのが「正常」な発達と捉えるのは、私たちの性の現実を無視したものである。確かにそういう人がマジョリティかもしれないが、そのマジョリティでさえ、よく見ていけば、それほど確固たる異性愛者とは限らないことは先に見たとおりだ。ROSの本のタイトルにあるように、セクシュアリティは揺らぐものでもある。それが他者から強制的に固定化され、人格化され、身体化され、差別化されるとしたら、それは人権侵害の何ものでもないだろう。［参考：中村2008c］

生物学や医学でのジェンダー

二〇〇六年七月に「身体・性差・ジェンダー――生物学とジェンダー学との対話」というシンポジウムが開かれた［日本学術会議2008］。多くの著名な研究者が一堂に会し、さまざまな話題提供がおこなわれた興味深いものだった。しかし、議論の中身となると、生物医学系研究者と人文社会学系研究者の間で、ほとんど話が噛み合わず、聞いていて歯がゆい思いをした。これをディシプリン（学問分野における作法）の違いと言ってしまえばそれまでだが、なぜそういう考え方の違いが起きたのかを、ここで少し考えてみたい［中村2006］。

ジェンダーの定義は何か、それが何を意味するか、ということはしばしば話題になるが、この言葉がどのように生まれてきたかを知る人は意外に少ないのではないだろうか。今日のジェンダー（あるいは「ジェンダー・フリー」）をめぐる議論を建設的なものにするためにも、ここで改めて、言葉の由来を知ることは意義のあることだと思う。

文法用語に過ぎなかった「ジェンダー」が、それ以上の特別な意味を持ったのは一九六〇年頃のことだった。インターセックスに関する研究者の間で、今日の「ジェンダー・アイデンティティ」にあたる意味で使われ始めた。ジョン・マネーは、ジェンダーをこの意味で最初に使ったのは自分だと主張しているが［Money 1995］、最初期に明確な定義を発表したのは、ロバート・ストラーである。

ストラーは、「ジェンダー・アイデンティティとは、自分がどの性別に属すると思っているかという感覚、すなわち、『私は男だ』あるいは『私は女だ』という認識である」と定義した［Stoller

1964］。それまでは、外性器では男女の性別がはっきりしない場合、その人が男である、あるいは女であるということが困難だった。しかし、ジェンダー・アイデンティティという言葉を用いると、外性器の形状がどうであろうと、その本人が男だという自己イメージを持っていれば、男と言うことができるようになる。インターセックスの研究者にとって、これはとても便利な言葉であった。また、同時期に医療問題として注目を集め始めたトランスセクシュアル（日本で言う「性同一性障害」）にも、有効な概念となった。

ところが、ここに一つ大きな問題があった。それは、ストラーにせよ、マネーにせよ、ジェンダー・アイデンティティは、「私は男／女かという自己認識」の問題であるとしたにもかかわらず、それが医者や研究者によって決定できると考えたからだ。自己認識の問題をどうやって第三者が決定するのか？　ちょっと考えてみれば、非常に奇妙な問題であることに気がつく［高橋2003：渡部2007］。インターセックスというのは、性別の決定要素とされてきた外性器や内性器、性染色体や性腺で判断がつかない状態のことだ。身体内の生物学的要因で判別できないものを、どうやって第三者が判定を下すのか。

しかし、ストラーやマネーを始め、トランスセクシュアル研究の最重要人物であるハリー・ベンジャミンなど当時の多くの研究者たちにとって、これは自明に思われた。それは、もし男らしい行動をすれば男、女らしい行動をすれば女だったからである。そして、男を好きになるか、女を好きになるかが重要視された。つまり、男らしく振る舞い、女に性的興味を示せば、性器がどうであれ、ジェンダー・アイデンティティ（あるいはジェンダー）は「男」、女らしく振る舞い、男に性的興味を示せば、女ということだった。今からすれば、この「男らしい」とか「女らしい」というのは、これらの研究者の理想的イメージでしかなかったのだが、当時そのことは問題にならなかった。

この考え方は、今でも生物学系、医学系の多くの人たちに受け継がれている。ネズミやハエなど人間以外の研究で、「ジェンダー」や「性同一性障害」という言葉が出てきた場合、ただ単に同性との性行動について観察していることもあるので注意が必要だ。これは「ジェンダー」の問題ではなく、「性的指向（セクシュアル・オリエンテーション）」の問題ということになる。「ジェンダー」という同じ言葉を使いながらも、違う事象を指すという状況が生じてしまっているのである。

そうでないとしても、生物・医学系の人たちは、「ジェンダー」をあくまで身体内の問題ととらえることが多い。例えば、二〇〇七年一〇月九日の朝日新聞夕刊に「生殖細胞――性の分化左右、性同一性障害治療に期待」という記事が出た。愛知県にある基礎生物学研究所の研究グループがメダカの遺伝子を操作し、実験を行った結果が伝えられている。しかし、記事をよく読んでみると「遺伝上はメスのメダカでも、遺伝子を操作して卵巣の中に生殖細胞が全くない状態を作り出すと、体からオス型の性ホルモンが分泌されて性転換し、身体全体がオスの形態になった」とある。これはメダカにおける生殖細胞と性ホルモンの分泌の関係についての実験結果である。

今日私たちが考えている「性同一性障害（ジェンダー・アイデンティティ・ディスオーダー）」は、性染色体とホルモンの分泌量といった体内の問題だけではなく、社会的・心理的な問題が複雑に絡むものであり、ホルモンの分泌量が関係することもありうるが、ないことも多い。現段階で、このメダカの実験結果と性同一性障害とを同列に論じるには少々無理がある。

自然科学系研究者が、異性愛的性行動を前提とした生物学的事象にあてはまらないものを説明するのに「ジェンダー」という言葉を使っているなら、人文系研究者との話が噛み合わないのも無理はない。しかし、メディアがそうした事象を「ジェンダー」や「性同一性障害」という言葉で説明することで、社会的事象にも関わる性の問題が、身体内で完結した問題であるかのような誤解を生むとすれば、それは大きな問題である。［参考：高橋2006］

「ジェンダー＝性差」の落とし穴

先の学術会議におけるシンポジウムでは、性差医療も重要なテーマの一つだった。二〇〇八年二月には、日本でも「性差医学・医療学会第一回学術集会」が開催され、本格的な広まりを見せ始めた。

人間の男女はグラデーションであるとはいえ、集団で見た場合、男として生まれ男としての役割を社会で担ってきた人と、女として生まれ女としての役割を社会で担ってきた人の間では、からだの特性や状態は当然異なる。特にそれを集団としてみた場合、各グループに適した方法で対処する方が現場としては効率的だろう。また、患者のニーズに応えやすくなるのだと思う。これまでの医療が、男性を中心に考えられ発展してきた歴史を思うと、こうした視点は重要であるし、積極的に推進していくべき取り組みだと思う。

しかし、少々気になるのは「性差医療」というネーミングである。元の英語では、「ジェンダー＝スペシフィック・メディシン」(gender-specific medicine) となっていた。これは、端的に言えば、「ジェンダーに応じた医療を提供しよう」ということである。もっと言うなら、「生まれながらのからだだけでなく、これまで経てきた社会的境遇の違いも考慮して、それぞれに適した医療の方法を考えて実践していこう」というニュアンスだと思う。もちろん、英語を使う人全員が、これを瞬時に理解するとは思わない。生物学的性別 (sex) の言い換えで、男女の違いのことだと短絡的に考える人も多いだろう。しかし、少なくとも表向きには、「これはからだの問題だけではない」ということに対する配慮が感じられる。

ところが「性差」と日本語で言ってしまうと、もうそれは生まれながらに男女が決定的に異なっており、どんな社会体験を経ようとも、生物学的に特有のものがそれぞれに存在している、ジェンダーなんて関係ない、といったニュアンスになってしまう気がしてならない。あるいは、そう取る人が増えるような気がして躊躇を感じる。

性同一性障害は、もともとジェンダーの問題であったはずのものが、心の性とからだの性が一致しないと日本語で説明された際、あたかも「心の性」という身体的特性があるかのように誤認され、社会におけるジェンダー化作用の問題点がほとんど議論されないままになってしまった。また「ジェンダー・フリー」というスローガンの普及も、うまくバッシング派に踊らされたせいか、男女二分化の動的な社会プロセスという意味がそぎ落とされてしまい、男女の区別や差別ばかりが問題視される傾向にある。［参考：若桑2006］

からだは社会とは別個のものであり、社会がどうであろうと、一定のプロセスに従って発達するというのは、一時代前の医学の考え方である。今はそうでないことが、さまざまな研究や臨床経験からわかってきた。だからこそ、ジェンダー＝スペシフィックな医療が重要なのではないだろうか。

性差医療が普及し始めた今、私たちがおこなっていかなくてはならないのは、からだの問題は投薬や外科的手段など身体への直接的な治療だけでなく、労働環境改善を初めとする社会における各種のジェンダー問題への対処と並行して実践されなければならないこととの重要性を伝えていくことではないだろうか。

性差はすべて社会が作り出したもの？

大学の授業でジェンダーを教えると、決まって「そうだ！　性差は、みんな社会が作り出している……。あらゆる男女の差はなくさなくてはならない」という過激なコメントを書いてくる学生に複数出くわす。私はそんなこと一言も言っていないのに、と当惑してしまう。たしかに「女性とセックス（性交）をしたい」という欲求や、「女に性欲はない」という社会通念から始まり、「男には闘争本能がある」や「女には母性本能がある」といった言説は、社会・文化的に構築されている側面が大きい。だが、だからといって、すべて生物的な差なんて関係ないと結論するには飛躍がある。

ここで混乱させているのは、「ジェンダー」は、性を社会的な観点から見た時の一側面に過ぎないにもかかわらず、それで全てが説明できると早合点してしまうところである。男女の間にある不当な賃金格差や、性別による家事分担や職業選択について異議申し立てをする際に、「ジェンダー・フリー」という言葉を用いることは有効だと思う。社会の制度を変革するためには有益なスローガンだ。

しかし、上記の学生のように「あらゆる男女差をなくせ」と言うのには無理がある。その理由の一つは、男女にはまだまだ超えられない生殖をめぐる身体機能や身体構造の違いがあるからであり、もう一つは「それぞれの性に違いがあってもいい」と考えている人の意思が完全に打ち消されてしまう危険性があるからである。また、クィア理論的観点からいうならば、「男女差をなくせ」と言った時点で、すでに男か女かの二分法という大前提に乗ってしまっているという問題がある。自分で差があると言っておいて、その差をなくせというのには、大きな矛盾がある。

ここで問題を難しくしているのは、社会的性差と生物学的性差が一般に考えられているほど、明確に分けられないことだ。先にも述べたように、ジェンダーは社会的側面から性の二分について考える時に有効な概念であるが、それはあくまで私たちの行動や社会システムを分析するのに役立つ一つの「見方」に過ぎない。

実際、生物学的性差から社会的性差が生み出される一方で、社会的性差からも生物学的性差が生み出されている。私はこのことを、「ジェンダーの身体化」と呼んでいる。私がフェミニズムにとって重要だと思うのは、以下に述べるように、このジェンダー化がおこなわれているプロセスを暴き出すことによって、それに抗うポリティクスを実践していくことだと思う。【参考：荻野2002】

ジェンダーの身体化

身体がジェンダーに影響を与えているというのは、容易に理解されるだろう。例えば、男性の方が、身体的特性として筋力の発達が著しい、ということが挙げられる。だから、重いものを運ぶのは男性の仕事であるというように、身体がジェンダーを規定している。

しかし、もう少し考えると、それだけでないことがわかる。男に生まれたからといって、男性全員の筋力が発達しているわけではない。筋力のある男性は、たいてい小さい時から「男の子だから運動してたくましくなれ」とか「男の子だから強い子に」という期待のもと、筋力増強に励んできたという点も大きい。ただ男として生まれただけでは、筋力のある男性にはならない。同様に、女性でもオリンピック選手のように、栄養管理をしながら、筋肉を鍛えていけば、平均的な男性の筋力を凌ぐことは、それほど困難なことではない。つまり、ジェンダーの規範が、私たちの身体の形成に大きな影響を与えているのである［中村2008a］。

ジェンダーの身体化は、さまざまなところで起こっているが、性欲もその一つである。例えば森岡正博は『感じない男』［森岡2005］の中で、自分が大学生の時にマスターベーションをやめようと努力したが、射精をしたい衝動を抑えることができなかったことについて次のように書いている。「あのときの、肉体の内側からあふれ出てくる溶岩のようなものの感覚、これは社会構築論（人間の行動や感じ方は社会によって作り上げられるという考え方）によってはぜったいに説明できない何物かであると私は確信する。」（一四九―一五〇頁）こうした記述を見ると、やはり性的衝動とは社会とは関係なく生まれながらに決定されているのだと判断する読者も多いだろう。しかし、そう結論づけるのは少し早い。

近年のセクシュアリティの研究では、そうした生物学的決定論に異議が唱えられてきた。いろいろな文化や時代、あるいは、女性のセクシュアリティやセクシュアル・マイノリティと呼ばれる人たちの性に関する研究が進むにつれて、私たち人間のセクシュアリティは、遺伝子によって単純に決定されるわけではないことが理解されてきたのだ。性衝動は主にホルモンの働きによって引き起こされるが、そのホルモンがどう作用するかは人それぞれであるし、またその作用の仕方を決定する体内のメカニズムは、心理的・社会的なことと大きく関わっている。個人の心理的特性や過去の体験、家族や社会からの影響によっても、性的衝動を司る身体の働きは左右されうるのである。

　性欲ではわかりにくいかもしれないので、ここでちょっと食欲のことを考えてみよう。人間は食事を長時間とらないでいるとお腹がすく、しかしそのすき方は、個々人の体の大きさによってずいぶん違う。また、楽しく食事をする体験のある人とそうでない人では、食べることに対するモチベーションは異なるし、自分があまり空腹を感じていない時でも、まわりで何かをおいしそうに食べている人を見ると、自分も食べたくなったりする。あるいは食事を一日三回とる人と、二回が習慣になっている人では、お腹のすくタイミングは変わってくる。このように個人の身体的特性、過去の体験、周囲からの影響、習慣などによっても、何かを食べたいという生理的機能の働き方は変化するのだ。

　アメリカの大学生向けに書かれた教科書、『人間の性』[Strong et al. 2002] では、性的衝動が生物学的に決定されるという通説に対して議論が深められている（二七頁）。ダーウィンの進化論を基礎として発展した社会生物学では、人間は子孫を残していくために生殖行為が必要であり、生殖を可能にするために、女性は「愛」と交換に男性とのセックスを得ると考えられていた。男性は、思春期以降、子孫を残すために、出来るかぎり多くの妊娠の機会を得ようと躍起になる。一方、女性は、子供の養育の間、長期にわたって養ってくれる男性の「愛」が必要になってくる。

　しかし、もしこれが自然の摂理であれば、セックスワークも不倫も問題にはならず、一夫一婦制が粛々と機能するはずだ。ところが、現実には、このようなシステムは容易には維持できない。

　また、進化心理学では、異性に対する「愛」は子孫を残すために身体にプログラムされた本能と見なされてきた。「愛」をはじめ、希望や怒り、嫉妬や不安、悲しみといった感情が基礎となって、それらが種族を残すために、もっとも効率よく機能するよう人間はできていると説明してきた。しかし、もし感情がそのように人間の種族保存のためにうまく機能するのが「自然」だとしたら、こんなにも私たちの感情が人間関係の破綻を招いている事実をどう説明したらよいのだろうか。

　問題は、「こうあればいいなあ」という社会・文化的な期待感と、実際の人間が示す現実が、混同されていることである。そうした期待感をなくして見直してみるならば、実際には、身体的なもの、心理・精神的なもの、文化的なものが相互に交差するところで、性的衝動が生み出されていることがわかる。したがって、先の教科書では、セクシュアリティを考える際には「生物学的・心理学的・社会学的アプローチ」が必要であると説明されている。

　ここで最初の話にもどるなら、セクシュアリティを決定する心理・精神・文化の部分で、一つの大きな要素となっているのがジェンダーだということがわかる。例えば「男はこうであるはずだ」という思いこみや、「男だからこうでなければならない」という社会的プレッシャー、あるいは「男性の性欲」をいかにも本能であるかのように見せかけ、それをターゲットに市場を拡大しようとする資本主義社会のトリックなどが、元来備わっていた生物学的作用と複雑に絡みあって性衝動は生み出される［森岡2005：田崎1997］。つまりジェンダー化によっても、性欲は生産・再生産されているのであり、ジェンダーの視点はセクシュアリティを考える上でも不可欠なのである。［参考：Myerson et al. 2007］

私（=女）は女装者

　私の友人で、外見上には、どう見てもごくふつうの女の子で、実際、生物学的にも、戸籍上でも女なのだが、自分はいつも「女装」をしているという人が何人かいる。どういうことかというと、職場や学校など、社会生活をする時は、仕方ないので、社会の期待に合わせて女性の格好をして、女性の役を演じているが、本当の自分はそうではない。もっと自由な存在で、決して「女」なんかと呼ばれるものではない。だから、私は「女装」をしているのだというのである。体がこうだから、そのようにしなくてはいけないというのは、それが心地よく感じる人もいるだろうが、そうでない人もいるだろう。

本章の初めに書いた、藤沢市で行ったセミナーの後半では、宝塚歌劇での「男役が演じる女役」という映像（タカラヅカ・スカイ・ステージ「こだわりアラカルト」での特集）を見た。ご存知のように、宝塚は女性のみの歌劇団で、男の役も女性によって演じられる。男役は原則として男の役を演じ、女性の役を演じることは例外でしかないが、実際にはこの例外が時折生じる［中村2008b］。宝塚の公演では、メインの芝居（音楽劇）とレビュー（歌・ダンス中心のショー）の二本立てが基本だ。男役のトップスターは、レビューでも男を演じ続けるのが通常だが、二番手、三番手の男役スターとなると、芝居では男を演じていても、レビューでは女性の格好で出てくることがある。

また、まさに例外的に、芝居で女性の役を演じることもあるようだ。役柄としては、男勝りの女（例：《聖夜物語》《ラ・パッション》《雪之丞七変化》）、〝品のない〟女（例：《長い春の果てに》《バロック千一夜》《ワンモアタイム》）、エキゾティックな女性（例：《王家に捧ぐ歌》《ハートジャック》）、超人間的存在（例：《スサノオ》《夢・フラグランス》）といったように、ちょっと世間の基準からはずれた女性を演じることが多いようである。

しかし、これを観ていて気がつくのは、生まれながらの女性といっても、普段「男役」を演じている人の「女役」は、悪く言えば「ぎこちなくて変」、よく言えば「何か新鮮でカッコイイ」感じがする。もちろん役者や役柄によってずいぶん違うが、これを観てから、同じ宝塚の女性による娘役に注意して観ると、いかに女性の役が作られているかがわかる。セミナーの参加者の中には、これを観てハッとした人が多かったようだ。「私は無意識のうちに、一生懸命〝女役〟を演じている」と。［参考：若桑2003］

断っておくが、私は女性が〝女役〟を演じることが悪いと言っているのではない。自分のしたいように振る舞えばいいし、また時には「女性」として行動しなければならない場面もあるだろう。ただ、自分が普段していることを自覚し、現状をある程度客観的に把握をすることが、自分が日々直面している問題を解決するために有効なヒントを与えてくれる。もちろん、問題解決のためには、現状把握だけでは不十分で、他にクリアしなければならないことがたくさんある。しかし、始めの一歩として、自分を知る。これは大切なことだと思う。［参考：北原2000］

え
ら
べ
る
わ
た
し
ときえ

コラム ★ ジェンダー・クリエイティブのすすめ

二〇〇四年の冬、大阪の女性アーティスト・グループ（WPAO: Women's-Performance-Art-Osaka）のワークショップで「ジェンダー・フリー」を取り上げた［中村2005a］。実は、主催者の友人から「ジェンダー・フリーって最近よく聞くけど、どう対処していいのかよくわからないんだよね。この辺りのことわかりやすくやってくれない？」と言われたのだ。ジェンダー・フリーという言葉はよく耳にするが、それを日常生活でどう実践したらよいかということに関しては不明な点が多い。そこで、ジェンダー・フリーとは何かを問い直し、その実践法を模索するのを目的とした。（同様のワークショップは、その翌年夏、こうち男女共同参画センター「ソーレ」でも実施した。）

ワークショップでは、「ジェンダー」の基本に関するグループ・ワークや講義の後、「伝統的なカップルVSジェンダー・フリーのカップル」というロール・プレイング（役割演習）をおこなった。まだ知り合ったばかりの男女が、互いに惹かれるところがあり、デートをしたいと思っている。そこで、デートが実現するための交渉方法を考えてロール・プレイングするというのが課題だった。ただし、各グループとも、①男女の一般的規範を踏襲する伝統的なカップルの場合と、②そうした規範にとらわれないジェンダー・フリーのカップルの場合との二つのケースを考えるよう指示した。

どのグループもユニークなシナリオを作り、迫真の演技で見せてくれた。特に伝統的なカップルでは、あまりのリアルさに会場の笑いが止まらなくなることもしばしばであった。例えば、女性側は食事を注文するにも、いちいち男性の指示を待ち、いつも上目使いに相手の反応をうかがいながら二言三言しか発言しない。勘定を支払おうと一応素振りは見せるものの、「いいよ、僕が払うから」と言われると、「はい、お願いします」とすぐに応じる様子などが、大袈裟に面白おかしく表現された。

ジュディス・バトラーの言う「ドラァグ」の可笑しさである。バトラーは『ジェンダー・トラブル』の中で、ドラァグ・クィーン（男性が派手に女装したパフォーマンス）が客の興味を惹くのは、男性が女性をうまく演じられないから可笑しいのではなく、ふだん女性が行なっていることを誇張して表現することによって、ふだんの振る舞いが「演技」に他ならないことを気づかせるため、それが可笑しくて笑えるのだと説明している［バトラー1999］。

ところが、ジェンダー・フリーのカップルとなると、演技の面白さとは裏腹に、その実践の難しさが露呈した。特に目をひいたのは、あるグループが、伝統的な男女の役割をそっくり入れ替えて演じていたことだった。つまり、デートに誘うのは女で、男はそれについていくという図式だった。相手の様子を気にするのは女性ではなく男性、レストランで何を食べるか決めるのも女性、勘定を払うのも女性、次の行き先を決めるのも女性だった。男性は、ただただ受け身でついていくだけ。男性役の自己決定権は完全に消失してしまっていたのだ。

　たしかにこれは「伝統的なカップル」ではないかもしれない。しかし、男女の役割が入れ替わっただけでは、従来とは逆向きの力の不均衡が生まれるだけだ。とても「ジェンダー・フリーのカップル」とはいえまい。これではジェンダーによる力関係が平等になるのではなく、逆転するだけだ。（もちろん、現実社会では、社会制度に変化がないのなら、二人の関係が反対になったからといって、男女の力関係までが完全に逆転することはないかもしれないが。）

　ジェンダー・フリーが、社会制度における男女の不平等をなくすという意味であれば、それを唱えることは大切だと思う。私もこうした活動には、普段からできるだけ応援をし、参加するよう努めている。しかし、ジェンダーの差がなくなるというのはどういうことだろうか？　そもそも、ジェンダーはなくなるものなのか？　ジェンダー・フリーという言葉は、政治的インパクトのわりに、個人の実践に関しては、あまり多くを語ってくれない。

　個人の実践面に着目するのならば、より重要なのは、自分のジェンダー化作用にクリエイティブに関わっていくことだと思う。つまり、各人が自分らしく生きるためにはどうしたらいいかを、既成のジェンダー観に完全にとらわれずに考えていくことである。そのためには、女性が「女性的」と思われてきたもの全てを否定する必要はない。自分の好きな、自分に合った「女らしさ」を大切に育んでいけばよい。その一方で、自分にしっくりこない「女らしさ」は無理して演じる必要はないし、一般には「男らしい」と思われることでも、自分がしたいことであれば、堂々とやっていけばいいだろう。男性だって、「男は～するものだ」とか「男だったら～だ」というフレーズにとらわれず、自分にあった「男らしさ」を探求していけばいい。もしかしたら、自分が男であるか、女であるかということに縛られる必要もないのかもしれない。男女という枠組みそのものを越える自分を見いだしていくのも、ひとつの生き方だろう。

　ジェンダー・クリエイティブな人間関係構築や、ジェンダー・クリエイティブなセックス実践は、男女共同参画を進めていく上で不可欠なものである。社会的制度の変革に対しては「ジェンダー・フリー」、個々人の日常的実践としては「ジェンダー・クリエイティブ」。このように車の両輪として進めていくのが、実効力のある戦略と思うのだが、いかがなものだろうか。［参考：上野2006］

ときえ

実践編

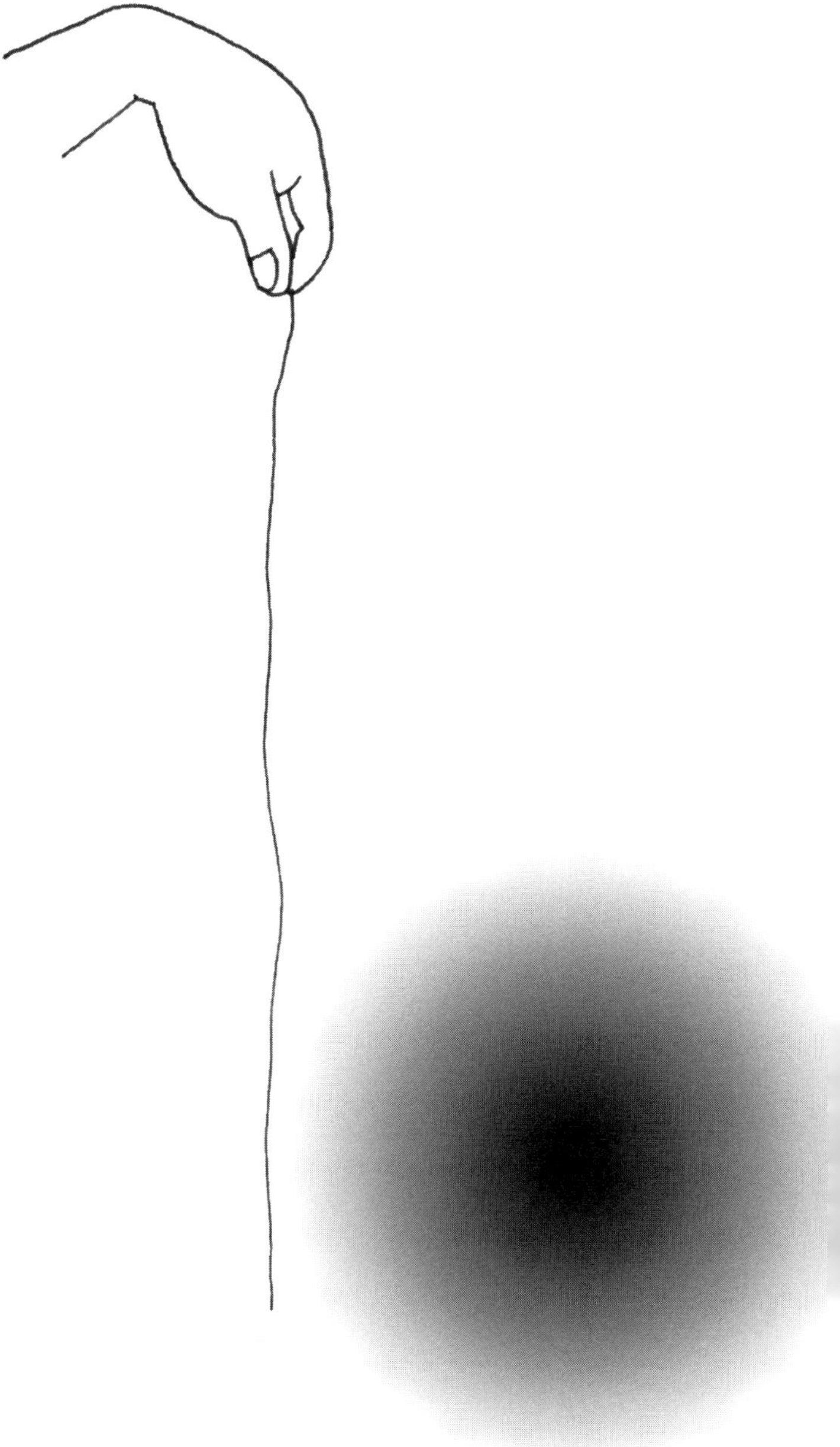

第5章 ◆

セクシュアル・ヘルス（＝性の健康）は誰のもの？

「性の健康」と「健全な性」

この章では、セクシュアル・ヘルス（＝性の健康）について考えていきたい。まず断っておきたいのは、「性の健康」と「健全な性」は、似て非なるものだ、ということである。「健全な性」という言葉が使われるとき、それが意味するのは、多くの場合、婚姻関係にある男女が生殖のためにおこなう性行為である。実は、これは、一九世紀に西欧で使われていた「性の健康」の概念と同じである。当時は、婚姻外の性交渉や、異性愛以外の性的関係、生殖に結びつかない性行為は、すべて罪悪とされていた。

しかし、第二次世界大戦後、「性の健康」の考え方は大きく変化した［Edwards 2004］。この変化に大きな影響を与えたのは、リプロダクティブ・ライツ（生殖に関する女性の自己決定権）の運動、セクシュアル・マイノリティの権利獲得運動、HIV／エイズに対する予防啓発とケアの活動だろう。このように、避妊や中絶が権利として認知され、多様な性行動のあり方が受け入れられ、「健康」概念そのものが変化するにしたがい、「性の健康」は「健全な性」との同義語ではなくなっていく。

二一世紀に入り、二〇〇二年にWHO（世界保健機関）が定義したセクシュアル・ヘルスは、次のようなものである。「セクシュアル・ヘルスは、セクシュアリティに関係する、身体的・感情的・精神的・社会的なウェルビーイング（＝健康で幸せで、満足のいく状態）である。それは単に病気や機能障害がないということだけではない。セクシュアル・ヘルスは、セクシュアリティや性的な関係に対して肯定的に敬意を持ってアプローチすることを必要とする。できるかぎり楽しく安全な性的な経験をし、強制力や差別や暴力から自由なものである。セクシュアル・ヘルスを到達し維持するためには、すべての人のセクシュアル・ライツ（性の権利）が尊重され保護され満たされる必要がある」〔WHO 2002〕。

つまり、今日的な意味でのセクシュアル・ヘルスは、各個人の性についての種々のことがらが、本人の満足のいく状態であるかどうかということである。ある人にとっては、結婚をして、子供を産むためにセックスすることが「セクシュアル・ヘルス」かもしれないが、他の人にとっては、同性どうしの生殖に結びつかない性行為によって、互いの親密性を高めることが「セクシュアル・ヘルス」なのかもしれない。

こうしてみてくると、セクシュアル・ヘルスを促進するためには、各人が自分や他人のセクシュアリティを理解することが必要だということがわかってくる。自分にとってのセクシュアル・ヘルスとは何なのか。他人のはどうか。まずはこれらに自覚的になることから、始められなければならないだろう。

性器だって十人十色

私が担当しているセクシュアル・ヘルスの授業では、学生たちのあいだで性に対する偏見がやわらいできた頃、性器の話をすることにしている。いきなりワークから始める。「はい、今日は性器について勉強します。皆さん、ノートに女性器と男性器を描いてください。デッサン風でも、漫画でも、抽象画でも、なんでも構いません。他の人に見せる必要はないですから、自分のためにだけ書いてください」。

男子学生の場合、いくら女性のＡＶやヌード写真を見ていても、わざわざ違法ものか、海外のものを見ないかぎり、性器は下着の下か、ぼかしで隠されている。女子学生の場合も、よほど興味を持って、意識的に本や写真をあさらないかぎり、男性性器の形や構造について理解していることはないだろう。

しばらくたってから、性器の図と各部の名称が書かれているプリントを配ると、「ああ、なんだ、こんなところにあったのか～」とか「ああ、こんなふうなんだ～」という声が、あちこちから聞こえてくる。図を見ながら、男女それぞれの外性器と内性器の構造について解説を始める。どこに何があるか、また、それらの機能や生理的反応の仕方を説明する。

女性の場合、クリトリスは人それぞれによって大きさが違うし、普段は埋もれたようになっている人もいる。さらに、クリトリスの感受性は、人によって全く違う。ちょっと触わるだけで強い刺激を感じる人もいるし、かなり強く触らないと刺激が感じにくい人もいる。また、膣は膣口からまっすぐ垂直にのびているわけではない。やみくもに力技でペニスをまっすぐ突き刺そうとする人がいるが、これは構造上不可能であり、相手が痛がるだけだ。

それから、女性は感じないと膣内の分泌液が出ないとか、感じさえすれば出てくるとか思いこんでいる人がいるが、そういうものではない。女性の体調や生理の周期によって、またその人の体質によっても、分泌液があまり出ないことがある。その一方、女性はセックスを望んでいなくても、生理の周期や自分のからだを防御するというメカニズムから、膣内の分泌液が出ることだってありうる。

男性の場合、日本人のほとんどは普段ペニスの先は包皮で覆われていることが多い。勃起すると大抵の場合、皮がむけて亀頭が出てくる。亀頭の感受性は、表側と裏側では異なるし、また刺激が加えられる方向によっても異なる。また、ペニスが大きければ、女性が感じるというのは大嘘だ。それにストレスや心理的なことで、立たなくなることも十分にある。それから、「射精＝オルガスム」というのも短絡的すぎる発想だ。射精をしても、十分に身体的・心理的な満足が得られるとは限らないし、射精しなくても、身体的なオルガスムが起こることはあり得る。

男性器と女性器を別々に話すと、それぞれが全く相容れないもののように感じられ、類似点が理解されにくいので、胎児の性器がどのように男性と女性に分化していくかについての説明も加える。妊娠六週間では男女に分化していなかった性器が、妊娠第二期、そして誕生時にどう変化していくか、イラストを見せながら示す。これを知ることで、一見全く別物としか認識されていなかった異性の性器が、自分のものとそれほどかけ離れたものでないということがわかってくる。それにインターセックスの話にも、うまくつながる。

それから、アメリカの専門家が編纂したDVDから、性器に関する部分を見せる。このDVDのよいところは、出演する素人のカップルたちが、自分たちの性器について相手に語ることだ。どこがどうなっているのか説明しながら、自分はどういう刺激が好きかも伝える。これを見ていると、どの部分がどういうふうに感じられるか、人によってそれぞれだということがわかる。この映像は学生にとってかなり衝撃的らしい。授業後のコメントを見ると「あんな風に相手に説明するなんて考えてもみませんでした」とか、「今度、自分の彼女にも聞いてみたい」、「かなり思い違いをしていた」と書かれている。

性器を教える際に重要なのは、どこに何があるかという知識とともに、それらに対する感受性が人によって違うということだ。強い刺激が好きな人もいれば、そうでない人もいる。触られたい場所だって、触られたい方法だって、人によって好き嫌いがある。これはちょっと考えてみれば至極当たり前のことだが、ことセックスになると、ほとんどの人は考えが及ばない。メディアを通して見たり聞いたりするセックスが、ほぼ一様にひとりよがりで、思いこみの強いものだから仕方がないかもしれない。

実際、私が「AVなんかで、よく女性は激しくされるほど感じるとか、痛がるほど感じていると思っているといわれますが、これは大きな間違いですね」と説明していくと、「知らなかった」というコメントが返ってくる。こうした無理解やコミュニケーションのなさが、避妊や性感染症予防を妨げているのであり、また、いわれない誤解を生み、性暴力を引き起こす要因となっているのだろう。性器をモノとしてではなく、からだの大切な一部と考える認識の転換が重要だ。

避妊と中絶を考え直す

セクシュアル・ヘルスは、リプロダクティブ・ヘルス（生殖に関する健康）も含む概念である。妊娠に関わる話は重要であるが、宗教的・個人的信条も絡んでくることなので扱いが非常に難しい。まして、大勢の人の前で話す時はなおさらだ。教室には、おそらく人工妊娠中絶経験のある女子学生がいる一方で、男子学生の多くが無関心なテーマである。

まずは、男子学生の注意を喚起するため、ある男性の手記の紹介から始める。この手記では、自分は良識派で、コンドームをつけるのは当然と考えていた著者が、たまたま一度だけコンドームをつけずにセックスをしたことから、相手に中絶をさせる結果になったいきさつが簡潔に述べられている。妊娠は女性だけの問題ではないことを強調してから、妊娠の説明に入る。

ここでクイズを一つ。「妊娠第七週とか、妊娠一〇週目とか言いますが、どうやって始まりを定めているのでしょう?」案の定、「セックスをした時」という答えが出てくる。「じゃあ、二回以上した時は、どっちかわかりますか?」と聞くと、多くの学生は困り果てる。なかなか正解が出てこない。「妊娠の週数は、最後に生理が始まった日を開始日、ということにしているんです」と答えを言い、少し問題意識を持ってもらったところで、映像を観ることにする。

『SEXって何?』というDVD（ケーシーズ、www.tokachi.co.jp/kcs/）からの抜粋だ。コンピューター・グラフィックが使われているので、通常のカメラでは見えないからだの中の立体的構造が理解できる上、時間とともに体内でどのような変化が生じるか、その移り変わりも見事に描かれている。見取り図や言葉だけでは把握は難しいが、こうした最新の映像テクノロジーのおかげで、体内の仕組みや変化を実感することができる。

妊娠のプロセス、月経の仕組み、女性の身体のリズムについて理解が深まったところで、避妊に話を移す。ここで、またクイズ。「避妊に効果がある」といわれている／誤解されている方法のリストを提示し、本当に効果があるのはどれか、○×で答えてもらう。リストには、射精後すぐに洗浄、男性用コンドーム、女性用コンドーム、IUD（リングなど子宮に挿入する器具）、オギノ式（月経周期から安全日を計算）、基礎体温法（体温をはかって安全日を計算）、ピル、殺精子剤、膣外射精（射精時にペニスを外にはずす、いわゆる「外出し」）を挙げておく。女性用コンドームやIUDについては、初めて知ったという学生も多い。一方、恐れていたオギノ式や基礎体温法に関する「安全日」神話は、それほど浸透していないようだ。ピルについては、副作用の危険性を過剰に恐れている学生が多い。

社団法人日本家族計画協会が作成している「いろいろな避妊法」というプリントを配布すると、各方法の避妊失敗率についての反応があちこちから聞こえてくる。女性用コンドームやピルは、実物を見せながら使い方を説明する。男性用コンドームについても正しい使用法をていねいに示す。前回は、コンドームを持っていくのを忘れてしまったので、授業前に即席でゴミ箱用の大きなビニール袋をはさみで少し切り、セロテープを使って巨大コンドームを作って見せた。実物よりもわかりやすいのか、こんなことを大まじめにする私が滑稽なのか、学生には大変好評だった。

それから、NPO法人ぷれいす東京の研究班が若者対象に実施した調査によると、異性愛のカップルの場合、男性は「使いこなし不安」が、女性は「相手の態度次第」が、コンドームを使わない大きな阻害要因になっていたことを紹介する。そして、コンドームは日頃から装着する練習をしていないと、必要な時にうまくつけられないこと、また、断られるのが怖いからといって、自分の将来を他人に安易に託すようなことはしないよう呼びかける。

駆け足の感は拭えないが、避妊がうまくいかなかった時の話に移る。セックス後七二時間以内であれば、緊急避妊用ピルという方法があることを伝えた後、人工妊娠中絶という選択の可能性について話す。ここは、こちらも一番神経を使うところだ。まずは、日本で中絶が合法とされているのは妊娠二二週未満であると簡単に法律のおさらいをし、中絶の方法について、妊娠一一週以前なら吸引や掻爬、一二週以後では人工的に流産させる方法が採られることを説明。そして、プロチョイス（妊娠中絶合法化支持）とプロライフ（妊娠中絶合法化反対）をめぐる議論を一部紹介し、中絶による身体的リスクと精神的ストレスについて話す。身体的リスクは、比較的誰でも思いつくようだが、中絶に至るまでの、またその後も続く精神的ストレスについては、考えたことのない学生が多いようだ。【参考：村瀬2004】

ここでも少しでも身近に感じてもらえるよう、中絶経験者の手記を一部紹介する。この手記には、実際に中絶したこともさることながら、その後「中絶した」という過去の体験が、中絶した人に対する社会の非情な扱いの中でトラウマ化し、二次被害を受けている様子が描かれている。「中絶した」という事実で十分苦しんでいる人を、さらに追いつめるようなことがあってはならない。中絶をした場合、精神的なダメージから逃れるのは難しいが、自分が罪を犯したと責め続け、余計に傷を深くすることは避けてほしい。そのためには、本を読んで自分の考えを深めたり、そのトラウマを共有できる人を見つけてサポートし合うことが不可欠である。もちろん、本人がそれをしたいと思える時期がきたらの話ではあるが。

中絶については、人それぞれ考え方が違う。私としては授業では、中絶反対とも賛成とも簡単に断言できないことを正直に伝えるようにしている。実際、授業後、個人的に中絶経験を話してくれた学生もいるし、家族や友人が中絶したことをコメント・ペーパーに書いてくる学生が何人もいる。

また、できるだけ教条的な物言いは避け、事実を伝えるように努力している。学生に対して、中絶という選択をしなくていいよう最善の努力をするよう訴えると同時に、もし自分や周囲の人が中絶を選択した場合には、どういうケアが必要かもきちんと伝えるよう注意を払う。

ここで、もう一つ話しておかなければならない大事なことがある。それは、病院選びである。避妊用のピルをもらうにしろ、中絶を行なうにしろ、婦人科検診に行くにしろ、自分に合った医師を見つけることは大切なことである。特に中絶に関しては、たいてい時間のないまま、どこか近くの病院に駆け込むということになりがちである。しかし、安心して話をするためにも、また二次被害を防ぐためにも、普段から口コミやネットなど複数の情報ソースを使って、自分に合った医師を見つけておくことが大切である。若者向け携帯サイトとしては、日本家族計画協会の「Girl's Navi——女の子のためのからだ系お役たちサイト」[http://girlsnavi.jp/index.html]、「セーファーセックス」[http://safer-sex.chu.jp/] などがある。(病院選びに関しては、同様のことがセクシュアル・マイノリティの人たちにもあてはまる [Moser 1999]。)

中絶の「二次被害」

人工妊娠中絶については、私が細心の注意を払いながら話をしているにもかかわらず、私語をやめない男子学生が数多くいる。セックスや性器の話とは違い、自分にとって重要なこととは思われないからなのだろうか。しかし、こうした学生たちは、妊娠や中絶という事実に向き合うのが怖かったのかもしれない、普段の自分の行ないを思い返すのがつらかったのかもしれないと、後になって思った。そうだとすれば、非難されるのはこれらの学生ばかりではなく、こうした大事な話を早期に伝えていない大人の責任かもしれない。

実際、その後のある課題で「妊娠中絶に関しては身体的なリスクについて言及されることが多いが、精神的リスクも高い。それについて簡潔に論じるように」と指示したところ、いかにそうした二次的被害に遭遇したかを綴った〝男子〟学生が複数いた。授業では、プライベートなことを開示する必要はないと念を押しているが、思い余って書いたのだろう。中絶体験によって取り乱した当時の〝彼女〟の様子、それをどうにもできなかった自分についての複雑な思いが生々しく書かれていた。

近年、不十分とはいえ「性暴力」に関する認識は少しずつ広まりつつある。「二次被害」についても、専門家の間では議論の俎上にのぼるようになった。つまり、性暴力では、暴力行為が起きた時点で、一次的な被害を受ける。しかし、その後、その暴力体験が語られ他者と共有された時、そこで受ける他人や社会からの扱いによって、それがさらに大きな心の傷となって内面化され、二次的な被害に晒される。現実には、一次被害よりも二次被害によって、被害者はより強く傷つき長期に渡って苦しめられる。

暴力を受けた時のショックもさることながら、助けを求めた時に他者から発せられる「どうして抵抗しなかったの?」、「あんたが挑発したんじゃない?」、「どうしてそんな人についていったの?」といった何気なく発せられる問いかけによって、被害者は自責の念に駆られる。ただでさえ「いったい何てことをしたんだろう」と罪悪感や後悔の念でいっぱいだというのに。その結果、被害体験は語ることのできないタブーとなり、内面に閉ざされることで、つらさが増大していく。忘れようとするが、ふとした時に不安に襲われる。無意識のうちに、他人や性行為に対する恐怖や嫌悪感となっていく場合も多い。

同様に、「明らかに合意がない」わけではないが、何らかの理由で人工妊娠中絶を行った人たちに対する二次被害についても、対策が講じられる必要があるのではないかと私は思う。若者であれ、既婚者であれ、妊娠中絶については「自己責任」の一言で片付けられることが多い。特に未成年の場合は、まず間違いなく叱責や懲罰を受けることになる。「ばれたらやばい」という一心で人に話すこともできず、十分なケアがなされないまま放置されるケースも少なくない。

大人から見れば、未成年の予定外の妊娠は「無責任」と思えるかもしれない。しかし、当人にしてみれば、性の情報に煽られる一方で避妊情報が決定的に欠如する中、「セックスはすばらしい」と信じて行動しただけかもしれない。「知らないお前が悪い」と責めるばかりにはいくまい。そうした偏った情報発信を行っているのは大人なのだから。実際、中学や高校時代の妊娠中絶を契機に、心の痛手を受けた若者たち、またそれによって自暴自棄になり（周りにはその理由がよく理解されないまま）自分の思い描いていた進路に向かうことができなくなってしまう例も多いようだ。

HIV／エイズの予防とケア

私はこれまで様々な場所で「HIV／エイズとともに生きる」という講演をしてきた。基礎知識を伝えることはもちろんだが、それと同時に、HIVウィルスがこの世に存在しているという状況の中で、そしてHIVに既に感染している人がいる中で、人々がどのように支え合いながら生きていけばいいのかを考え、実践に移していくことを目的にする。

まずは○×クイズから。基本的なものばかりである。例えば「ラブラブな二人は、セックスをしてもHIVに感染しない」、「一人の特定な相手とのセックスなら、HIVに感染すると、通常の仕事や生活ができない」、「HIVに感染したかどうかは、自分ですぐにわからない」などである。これらは、正確な知識を持っているか（あるいは持っていないか）を自覚してもらうとともに、問題意識を喚起するためである。

HIVについては、一度に大量の情報を与えても学生は理解できないので、いくつかのキーポイントに絞って話をする。まず、HIVというのは、Human Immunodeficiency Virus の略で、ウィルスの名称であること、このウィルスが免疫力を低下させること、それからHIVとエイズは違うことである。HIVに感染する（陽性である）ことと、エイズとして発病することの違いは、よく理解されていない。学生の多くは「感染＝発病」と思い込んでいる。そこで、HIVに感染しても、現在は薬を飲めば発病を遅らせることが可能で、その間はほぼ通常の生活が送れることを理解してもらう。

次にHIV感染者に関する統計を見せる（表4）が、ここでは、この数がどうやって得られているかということにも注意をうながす。勘のいい学生は、それが検査を受けた人の中の数にすぎないことを察知するが、こちらが言うまでピンとこない学生も多い。いたずらに脅すわけではないが、検査を受けていない人にも陽性者がいる可能性を指摘する。また、前年の感染者数と比較して、HIV感染者が実数として増えていることを示すのも、学生の意識向上には効果的なようだ。

そして、感染経路の話に移る。ここでは、単純明快に「HIVウィルスを持っている人の(1)血液(2)精液・膣分泌液 (3)母乳が、(a)腸や膣などの粘膜や(b)傷口に接触した場合に感染が生じる」と言う。しかし、これだけでは抽象的すぎてピンとこないので、いくつか具体例をあげながら、どういう場合に感染が成立するかを説明する。当然、空気感染や肌を触れ合うだけでは感染しないことも伝える。陽性者の血液や精液がからだについたとしても、粘膜や傷口に直接触れなければ、感染の危険性はほとんどないことも伝える。感染経路については、他のウィルス感染（インフルエンザなど）と混同している学生も少なくない。それから、エイズは同性愛者の病気だと誤解している人もいるので、どんな人とでも無防備なセックスをすれば、感染の危険性があることを伝える。そしてセックスの際に、体液と粘膜の間に生じるHIVウィルス感染を防ぐには、その間に膜を設けるしかない、つまりコンドームを使用するしかないことを確認する。

表４）ＨＩＶ感染者・エイズ患者の累計報告状況（厚生労働省エイズ動向委員会発表）

	ＨＩＶ感染者		エイズ患者	
	2006年1月1日現在	2007年7月1日現在	2006年1月1日現在	2007年7月1日現在
男　性	5,610	6,981	3,149	3,715
女　性	1,728	1,860	474	526
合　計	7,338	8,841	3,623	4,241

Living Together（ともに生きる）

ＨＩＶについての基礎知識が、ある程度身についたところで、ＨＩＶ陽性者の手記朗読に移る。ＨＩＶ／エイズに関する直接支援、予防啓発、研究・研修活動を精力的におこなってきたＮＰＯ法人ぷれいす東京が作成した手記集の中から六編を選んで、学生代表に読んでもらった。

〈親とのきずな〉は、ＨＩＶ感染を通じて、これまで不仲だったお父さんとの絆を取り戻し、自分が一人でないことを確認した話。〈なにげない一言〉は、職場でいただきものの和菓子をめぐって、「甘いなあ、お前にやるよ。おれはエイズじゃないから大丈夫だよ」と言われて複雑な思いをした話（食べ物ではエイズにはならない）。〈近頃、思うこと〉では、感染告知によって、どれほど自己否定と罪悪感にさいなまれたかが綴られている。その後、一〇ヶ月経ち、ようやく「毅然と生きていこう」と決意した様子も書かれている。〈″かわいそう″という名の偏見〉では、自分がＨＩＶに感染したと人に告げた時に判を押したようにいわれる「かわいそうに」という言葉に不快感を覚える様子が書かれている。筆者は、自分が「かわいそうなヒト」といって特別扱いされて、社会からつき離されてしまうことにいら立ちを感じずにはいられない。〈手遅れになる前に〉は、数年前に受けたＨＩＶ検査で陰性だったので、それなりに気をつけながらも、人ごとだと安心していたら、ある時「陽性だ」と告知された話だ。〈とっても困った体験〉では、ＨＩＶ陽性の女性が出産してからの、自分の子ども（陰性）に対するさまざまな不安な思いが綴られている。

ぷれいす東京では、Living Together（ともに生きる）をキーワードにして、陽性者やそのパートナー／家族等による手記集を制作し、それを朗読する様々な形態のイベントやワークショップを企画してきた【生島2004】。私はこの手法の一つを講義用にアレンジして実践している。これは、最近のさまざまな保健・公衆衛生理論（例えば、社会学習理論、自己効力感や健康信仰についての理論）を基にしながらも、現在の日本文化の中でもっとも効果のある方法は何かを現場で探ってきた結果生まれたものである。

手記朗読には、次のような三つの利点がある。まず第一に、それが当事者の「生の声」を伝えるということである。手記において、当事者の語り口は、そのまま伝えられる。当事者の肉声こそ聞こえないが、その臨場感は確実に伝わってくる。特に授業で使った手記は、学生とほぼ同年代の人によって書かれているものなので、より親近感が湧くのではないだろうか。こうして体験の共有化をはかることにより、それまで他人事であったことが「自分のこと」として感じられるようになる。

第二に、セクシュアリティの多様性や、性をめぐる現実的な状況への気づきがうながされることである。手記を読むことを通じて、人々が実にさまざまなセクシュアリティ（性的欲求、性行動、性指向／嗜好など）をもっているということが実感できる。また、陽性になった人は、決して何か「特別なこと」をしたからＨＩＶに感染したのではないことにも気づく。それぞれのニーズがあり、それぞれの事情があった。そうした性をめぐる現実的な状況を知ることで、学生の多くが持っている「自分だけは大丈夫だろう」という根拠のない安心感は揺らがされる。

第三に、手記を読むことを通じて「ともに生きよう」という力が湧いてくる。手記には、強く生きたいという決意が語られているものが多い。また、そこまであからさまでなくても「生きるありがたさ」について触れられているものは多い。そういう手記によって、読者は「生きる」ことについて考え直す機会が与えられる。そして、陽性者の人たちと「ともに生きていこう」とエンパワメントされる。ふだん「生きる」ことに無自覚な学生の多くが、ハッとさせられる瞬間である。授業後、ある学生が私のところへ「陽性者の人たちが書いたものをもっと読んでみたい」と言ってきた。

以前、神戸で行われたLiving Togetherのイベント"kavcaap 2004"で、偶然HIV陽性者の手記を読んだ人が、次のような感想を寄せてくれた。「手記を読んだ時、何か深く感じ入ってしまった。自分より若かったり同じ年頃の人が、生きることや周りの大切な人に、こんなに深い思いを抱いて表現せずにはおれない状況は、なんて過酷なんだろうと思った。こんな素敵な人たちが、死に至る病を得てしまうなんて。しかも、自分だってしているセックスで……。自分がする時は、コンドームを使うようにしたい。」［参考：http://www.living-together.net/］

HIV以外の性感染症（クラミジア、淋病、性器ヘルペス、尖形コンジローム、梅毒、毛ジラミ、肝炎など）については詳しく説明する時間はなかったが、百聞は一見に如かず、と写真を使った。症例写真だけではショックが大きいかもしれないと不安だったので、写真のまわりにアニメ漫画風のかわいいキャラクターが登場し、症状を解説しているものを用いた（SWASH制作の「はたらきかたマニュアル」）。もちろん、見せる前に「無理に見る必要はない」と断ったが、学生のほとんどが食い入るようにして写真を見ていた。ある学生は「写真を見て、ああは絶対にならないようにしたい」と書いていた。やはり、言葉を尽くすよりも効果があったようだ。

メッセージの出し方

二〇〇六年一一月三〇日から一二月二日にかけて、第二〇回日本エイズ学会学術集会が東京で開かれた。「病をみて、人や社会もみる学会にしていきたい」という池上千寿子学会長（ＮＰＯ法人ぷれいす東京代表）の言葉どおり、多角的で刺激的な学会だった。ここでは、あるシンポジウムで話題になった「伝えたい気持ちは大事だが、メッセージの出し方はもっと大切」ということを取っかかりに、私が中学校・高校で講演をする時に感じていることを書いてみたい。

女性のＨＩＶ感染に関するシンポジウムで、ある産婦人科医が「ふだん若い女の子に、もし相手の男がコンドームを使わないと言ったら、（本当でなくても）『私、病気持ってるの』と言って相手を一度動揺させてみるといいと話している」と発言した。すぐに、その場にいたＨＩＶ陽性者から「そういうことをＨＩＶ陽性者が聞いたら、どう思うかも少しは考えてほしい」とクレームがついた。

この医者としては、女の子の身を守るために、よかれと思って話しているのだろう。たしかにコンドームを使うという一点に限っていえば、この方法は効き目があるのかもしれない。しかし、こういう言い方をすることで、ＨＩＶ陽性者を傷つけ、また、この女の子にＨＩＶ感染に関する偏見を植えつけることにつながりかねない。

こうした問題は、実は日常のさまざまな場面でおこっている。私はしばしば中学校や高校で「ＨＩＶ／エイズとともに生きる」という内容の講演をおこなうが、私の講演の前後に話される先生のメッセージの出し方に「困ったな」と思うことがしばしばある。例えば、講演の前に「エイズは恐ろしい病気だから」とことさら強調されたり、私の講演の後で「だからといってセックスをするのはよいことではありません」と話されたり、「エイズの人たちを助けてあげていく社会にしなくてはいけません」と締めくくられたりする。場合によっては、「エイズへの偏見をなくすために」というタイトルで若者に話をしてくれと言われることすらある。

しかし、私の経験から言って、中学生や高校生でエイズに対する先入観をもっている生徒はそれほど多くない。むしろ、偏見を持っているのは、大人である先生たちだ。先生が「エイズは恐ろしい」

と強調し、そういうメッセージを出すことで、逆に生徒たちにエイズに対する偏見を植えつけているのではないだろうか。「セックスはよいことではない」と言うことで、ＨＩＶに感染した人は「悪いことをした罪深い人たち」であるという印象を与えているのではないか。「エイズの人を助けてあげる」という言い方をすることで、ＨＩＶに感染した人たちを、自分たちとは違った特別な人たちと差別してしまっているのではないか。

私は講演で性にマイナスのイメージがつかないよう、細心の注意を払っている。もちろん、だからといって、セックスを奨励するわけではない。しかし、セックスは、われわれ人間にとって生理的欲求にもとづく行為であり、親密なコミュニケーション手段であり、愛情の表現方法である。だから大切にしてもらいたい。大切にする気持ちがなければ、セックスについて話し合いをすることもできなくなる。それでは、コンドームの使用率はあがらないし、望まない妊娠だって、性感染症だって減らすことはできない。

セーファー・セックス・ライフ

一九八〇年代に世界中を震撼させたエイズの脅威は、セックスの安全性を問い直す契機となった。そして感染症予防として、コンドームの使用を広めることが最重要課題として挙げられた。しかし、コンドームを使用しても、思いがけず破れてしまったり、使い方が適切でないために感染予防に失敗することも起こり得る。また「いつでも、どこでも、誰とでも、どんな場合もコンドームを使うように」という主張は、理屈には叶っていても、現実的に一〇〇パーセントそれを実践するのは非常に困難なことが指摘されてきた。そこで、セーファー・セックスという概念と試みが生み出されたのである。

以前にはセーフ・セックスsafe sex と言っていたこともあるが、実際にはセーフが保証されるセックスはあり得ないため、現在は比較級のセーファー・セックス safer sexという言い方をされることが多くなっている。加えて近年では、コンドームを使うか否かだけの問題から、セックスそのもののあり方を問い直し、より安全・安心な状況を作るために、性的欲望や生活のスタイルについても修正をうながしていくという視点が導入されるようになった［Taylor & Lourea 1992; McIlvenna 1999］。

ある時、イタリア人の大学院留学生に「どうして日本の若者はコンドームを使わないのですか？」と聞かれたことがある。彼女によると、カトリックの影響力が強いイタリアでは中絶が禁止されている。中絶という選択肢がないから、セックスをする場合はコンドームを使う人が多いと言っていた。カトリックは避妊自体も禁止していると理解していたが、だからといってセックスをしなくなるわけではないのでコンドームの使用率が上がるのだろう。

私はこのイタリア人留学生に、データを持っているわけではないと断りながら、次のような説明をした。日本の若者文化には、未だにコンドームへのネガティブなイメージが根強く存在している。例えばコンドームを使うということは、セックスに精通していて、いかにも遊んでいるかのように思われる。あるいは、コンドームを使うのは、妊娠や感染症を恐れているということであり、相手を信用していない、つまり相手に対して「本気ではない」ことの現れと受け取られる心配がある。そう話すと、「そんなこと思いもしなかった。イタリアでは考えられない」と、その留学生はびっくりしていた。

他に考えられる要因をつけ加えるなら、テレビ・ドラマや映画でも、愛しあうもの同士が見つめ合っていたかと思うと、すぐにセックス・シーンになることが多く、コンドームについての話の切り出し方や、装着するタイミングについて学ぶロール・モデルがない［東優子2004］。この状況はアダルト・ビデオ／DVDにおいても変わらない。コンドームを使用しているものもあるが、まだ少数である。ちなみに、私はコンドームの使用率を高めるために最も効果的なのは、人気俳優や人気女優がテレビ・ドラマや映画の盛り上がったシーンで、セーファー・セックスについて会話を交わし、カッコよくコンドームを装着することだと常々思っている。

さらに言えば、社会や家庭、そして性教育の場ですら、セックスについて語ることを抑圧されてきた若者の多くは、セックスは「コントロールの効かない本能」なので、いったん動き出してしまえば、何も考えずに行動するしかないと思いこんでいる。また、抑圧され、語られない分、セックスについてのファンタジーははかりしれず、「セックスしさえすれば満足が得られる、幸せになれる」という過剰な期待感もともなう。セックスについては、「する」か「しない」かの二者択一であり、その中間は存在しない。「する」となったら、もう思考やコミュニケーションは一切停止である。

このようにセックスを本能として疑わず、セックスに過剰な期待を委ねている若者に、避妊や感染予防が大切だからコンドームを使うように、と教条的に諭しても、それだけで使用が増加することはほとんど期待できない。日常を忘れ本能的に行動することで何かよさそうなものが得られるというのが、若者が描くセックス観だとしたら、コンドーム使用はそれと相容れないからである。セックスについての考え方、セックスに望む姿勢を変えていかないかぎり、行動に変化を望むのは難しい。そのためには、既に述べたように「セックスは何のためにするのか」とか「セックスは本能か」といったことを考えてみることが不可欠である。

セーファー・セックスなファンタジー

加えてもう一つ必要なことは、どうすればセーファー（より安全で安心な）セックスの状況が現実に作り出せるかを具体的にシミュレーションすることである。この回の授業では、ゲストに、若者への性感染症予防啓発に一五年取り組んでいるぽんぽんまるさんをお招きしていたが、そのぽんぽんまるさんと相談して次のような課題を出すことにした。

どうすれば、性的欲求がセーファーな形で満足できるか？　まず①誰かと性器どうしのセックスをしないで、その欲求を満たすことはできるか？　それから②性器どうしのセックスをする場合は、どうすればリスクが減らせるか？　ただし③できるだけ自分の性的ファンタジーを実現する方向で考えること。

①の質問は、何が何でも性器どうしのセックスと短絡的に考えている頭を柔らかくするためのものである。例えば、もし寂しいのを解消したいのなら、抱き合いながら寝るのも選択肢の一つであろう。マッサージをし合うのもいい。誰かとの一体感を持ちたい場合には、いっしょに寄り添いながら深く呼吸をすること（スプーン・ブリージングなど）も有効な手段だ。単にムラムラするのを解消したいのなら、マスターベーションをすれば、それで済むことも多いだろう。いつまでも我慢してファンタジーが膨らんでいき、結果的に自分をコントロールできなくしてしまうよりは、よほど現実的で建設的な対処法である。

②の質問は、5W1H（when, where, who, who, what, how）で表現するところがミソである。時間や場所、相手などを選ぶことによって、セックスの安全性は格段に変化する。例えば、慌てて隠れて急いでするれば、当然リスクは高くなる。また、コンドーム使用について話ができる相手であれば、安全性はぐっと高くなる。また、他人の意見を聞くことで、人によってセックスに対する要求や期待が異なっていることも理解してもらえる。実際、授業後の感想では、「人によって、あんなにやりたいセックスのイメージが違うのにはびっくりした」とか、「自分は安全ではないと思うセックスを安全だという学生がいるのに驚いた。やはり相手を選ばなくてはいけないと思った」というのが複数あった。

上記のエクササイズで特に重要なのは、③の条件を入れることである。自分の欲望を勘案しないのなら、誰でも教科書的なセーファー・セックスの状況を描くことができる。しかし、そうしたセックスを望んでいないのなら、そんな理想的な状況をいくら議論しても、全く現実味がない。先にも述べたように、若者はさまざまなセックスについてのファンタジーを持っている。その中身については、周りの者がどうこう言えることではないだろう。しかし、セックスは、相手があってのことであり、自分の健康が守られてのことである。いかに自分の欲望と現実との折り合いをつけるかが肝心である。したがって、そのためのシミュレーションを日頃からしていることが重要となる［参考：ぷれいす東京制作ビデオ教材「Let's Condoming」］。

公衆衛生的観点では、セーファー・セックスというと、いかにコンドームの使用率を増加させるかが焦点になりがちである。そうしたアプローチも重要だが、もっと広い意味でのセーファー・セックスの実践方法についても意見を出し合い、手だてを講じていく必要がある。実際、日本での公衆衛生や性教育では、ＰＶセックス以外のセーファー・セックスについて触れられることが少ない。オーラル・セックスやアナル・セックスも、その安全・衛生面についての十分な知識を持たずに実践するのは危険である［Tarmino 1998］。もっとそうした現実に適した情報が広まることを期待したい。

セクシュアル・ヘルスは誰もの権利

現実的なセクシュアル・ヘルスの議論がもっとも進まないのが、セックスワーク（性労働）に関してだろう。

一九八〇年代中頃、国をまたいだ人身売買や買春ツアーが国際問題として取り上げられるようになると、百年前にヨーロッパで繰り広げられた排娼運動が再燃したかのような大論争が巻き起こった。保守陣営は「麻薬を打たれた純真な少女たちが、海外の売春宿に売り飛ばされる」という話を繰り返し、「売り飛ばされた犠牲者」というイメージを一般に広めることで、これを機にセックスワークを廃止あるいは規制しようと乗り出したのである［Kempadoo&Doezema 1998］。

こうしたセックスワークそのものを否定しようとする動きに対して、一九七〇年代以降、結束を強めてきたセックスワーカーの当事者団体は、セックスワークは「個人の選択であり労働の一形態である」と反論を展開した。その後「セックスワーカーは犠牲者か、それとも労働者か」、そして「セックスワークは強制的な搾取か、それとも自発的な職業選択か」という論争が繰り広げられることになる。日本でも「性の商品化」問題として、大きな議論がまきおこった。[参考：松沢2000]

子どもの強制的な人身売買が事実とすれば、それを阻止すべきだという点で、多くの人は一致できただろう。ところが、セックスワークの存在そのものが政治問題化されてしまったため、解決へと向かわない論戦ばかりが横行した。また、セックスワーカーの当事者団体のリーダーたちがフェミニストであったことが、それ以外のフェミニストたちを当惑させた。女性の自己決定権や労働の権利を考えるなら、セックスワーカーを応援する必要がある。しかし、セックスワークを肯定するということは、男性の女性に対する性的支配を正当化することにもつながりかねない。事実、セックスワークの合法化は経営者に有利になる傾向があり、ワーカーを保護する方向に向かわない前例も多い[Chapkins 1997]。

現場でフィールドワークを重ねてきたリサ・ローや青山薫といった研究者たちは、セックスワーク是非論は不毛であると強く主張する。フィリピンを調査したローは、これまで東南アジアのセックスワーカーは、「政治的経済の犠牲者」とか「世界規模の人身売買の一部」と言われてきたが、これは当事者たちの世界観や日常の体験を無視するものであると書いている[Law 2000]。性産業の女性は、売春を始めるという自由な意志と、売春の他には十分収入を稼ぐ仕事がないという社会経済的制限のどちらかの理由でセックスワークを始めるのではなく、その両者の理由の間で揺れ動き、迷いながらも決断をしているからだ。タイを調査した青山さんも、セックスワーカーは「人権侵害に対しては保護と回復のための手当てを受け、かつ、本人が必要とする労働を本人が必要と思う場所でする権利を保証されるべき人びと」として扱われなければならないと訴える[青山2007]。

セックスワーカーの環境改善のためには、セックスワーカー本人のセルフ・エスティーム（自己肯定感）や、自分のことは自分で何とかできるという自信（自己効力感）を高めることが大切だが、その周囲にいる人たちの理解を深めていくことも不可欠である。例えばセックスワーカーのコンドーム使用率を高めるためには、当事者や顧客だけでなく、経営者とも連携を深め、社会構造や職場環境を改善していく必要がある。それは、いくら本人がセーファー・セックスをしようとしても、店や顧客や状況がそれを許されなければ実践に移すことができない。特に欧米とは違い、個人の主義主張をぶつけ合うのが日常的でない日本や東南アジアの国々では、「自己責任」として個人の問題に還元するのでは不十分であり、周囲との関係のあり方を変えていく取り組みが、より重要度を増してくるだろう［中村2007］。

セックスワークと結婚制度

ところで、セックスワークとは何か？　「そんなの簡単じゃん。セックス（性交）をしてお金をもらうことでしょ」と答えるかもしれない。それでは、異性どうしの場合、もし性器の挿入が伴わなかったら、セックスワークにならないのか？　お金をもらって、誰かと話をするだけだったらどうだろう。あるいは、受け取るのがお金以外の場合はどうか？　例えば、食事をおごってもらってセックスをしたら、それはセックスワークになるのか。

セックスワークかそうでないかを決めるのに、よく恋愛感情を含むか、快感を得るのが目的か、対価を期待しているか、不特定の相手か、相手が複数か、といった事柄が想定される。しかし、実は、どれ一つをとってもセックスワークの定義づけにはあまり役立たない。というのは、恋愛感情がなくてもつき合い続けるカップルはいるし、結婚しているもの同士が快感を目的にセックスをすることもある。見返りをまったく期待しない〝純粋な〟セックスが存在するとは考えにくいし、性暴力やデートDVに見られるように、特定の相手のみのセックスであればいいというものでもない。

昨今のインターネットや携帯電話の普及は、セックスワークをめぐる状況を一変させたかに見える。しかし、若者がセックスワークに携わるのは、性の倫理が最近になって急速に乱れたり、若者の意識が突然変化したからではない。セックスワークは、有史以来、婚姻制度の確立と表裏一体となって発展してきたものだからである。

歴史的にみた場合、女性のセックスワークの背景としては、次のようなことがあった。①男性の方が女性よりも性欲が強いと信じられたため、男性が自由にセックスできる女性が必要と考えられた。②現在のような避妊方法が知られていない時代、自分が妊娠したくない女性は、自分の夫や恋人が他の女性と性的行為をするのを黙認したり、勧めることがあった。③経済的に恵まれない女性にとって、セックスワークは自活していくための数少ない手段の一つであり、高貴な人に目をかけてもらえれば、自分の家族も含め、高い社会的地位を得ることが可能だった［ブーロー1991］。

こうした状況の中で、上層の階級に属する女性の貞操喪失は罪だが、男性には性的自由が許されるという「男女の二重規範」が生まれるとともに、セックスワーカーという「下層階級」を設けることで、より上層の人々の結婚制度が維持されてきた。今日、避妊を取り巻く状況はずいぶん変化したとはいえ、上記のような背景はなお存在し続けている。今でも、セックスワークで非難されるのはワーカー側であり、客でもなければ、経営者でもない。

「売春、とんでもない！」、あるいは「必要悪だから仕方ない」と決めつける前に、なぜセックスワークが存在するのかを考え直し、より現実的で有効な対処方法を模索することが大切である。［参考：田崎1997］

思い込みの城 囚われのお姫様
待っているのも時間のムダ
自力で出てきてほしいなあ
規範の化身と闘う王子様
王子と姫ってどうかと思うけど…
ときえ

インタビュー②

わたりさん（セックスワーカー）

「気づかれずにゴムをつける術」

「風俗嬢」と聞くと、何でも客の言うなりになる犠牲者的イメージがあるかもしれない。しかし、現実には、男性客への性的サービスをしながらも、自分のやりたいことと、やりたくないことを示しながら、セーファー・セックスを実践しているワーカーさんもたくさんいる。

本インタビューのわたりさんも、その一人だ。「フェミニストだったから、セックスワークを始めた」というわたりさんは、実践の中から、自分も不快ではなく、相手も喜ぶセーファー・セックスを開発してきた。インタビューでは、びっくりするようなテクニックを披露してくれるだけでなく、コミュニケーションや性的指向についても、興味深い話を聞かせてくれている。

一人でも、工夫次第でこんなに多くのことができる――そんな勇気を与えてくれるインタビューだ。

◆〝フェミ〟のセックスワーカー

——わたりさんは、この仕事始めてからどれぐらいのなるの?

わたり◎私は業界九年目ですね。始めたのが、二七歳の時。一九九九年だから……。

——九年間って、業界では長い方かな?

わたり◎どうだろう? 私自身ずっとそう思ってたんだけど、今は人妻店で働いてるのね。で、人妻店では一〇年以上働いてるワーカーなんてザラだし、ソープに行けば三〇年以上とかも普通におられるみたいよ。

——フェミニズムに興味を持ったのはいつ頃?

わたり◎出会ったのは、二〇代前半、九〇年代初頭かな。でも、その時は自分のことだとは思わなくって。自分のことになったのは二〇代中頃。仲のいい友達がフェミだったんだよね。彼女の話を聞いているうちに、ああなるほどって。わかりやすく入ってきた。なんせ、彼女の実感から出ている言葉だから、フェミがわかりやすかったの。

——それじゃあ、フェミを知ってからセックスワークを始めたんだ。

わたり◎ワークをすることに不安はあったけど、フェミだからたぶん大丈夫だろう。やってみようって。その頃は、フェミを〝開き直り〟みたいに感じていたと思う。バカと言われて「バカで何が悪い?」「おう! バカで結構」みたいに開き直る力とでもいえばいいのか、いちいち丁寧に「そうなんだ、私ってバカなんだ」と落ち込んだり自信なくしたりしなくていい、その怒りは正当である、とフェミに言ってもらえた気がする。これから何かが起こったとしても、私が感じていることは悪くないみたいな。言葉が得られたっていうのがあるよね。例えば、お客さんとか、周りの人から「汚れてる」とか「不憫だ」とかそんな扱いされた時とかにさあ、フェミのこと知らなかったら、きっと落ち込んでたと思うんだよ。やっぱり~って、いちいち本気で落ち込んじゃったんだろうって。

——落ち込まずにいられたのは、どういう言葉を持ったからだったの?

わたり◎セックスワーク運動とかの文脈でさあ、「汚れてて何が悪いの? 汚れるって何?」みたいな、

「何を変なこと言っているんだろう?」って相手の言ってることを無効化する方法を知ったじゃない? 向こうは責めているかもしれないけど、こっちはそう思う必要はないって。

――フェミとセックスワークって、あまり結びつかない読者もいると思うけど。その辺りはどう?

わたり◎あー、それイタリアの男性にも言われたことがある! 私の中では逆にフェミがあるからセックスワークしやすいっていう気持ちがあるんだよね。

――たしかに〝セックスワーク〟って言葉を生み出したキャロル・レイも最初フェミで、それからワーカーになった。それは当たり前のことだって書いている[Leigh 1997]。

わたり◎何ていうんだろ……。そのイタリア人男性には「金もらわんとやってられっか! と言いたくなるような性的現場が多すぎる!」って答えたんだけど……。いや、お金が欲しかったからフェミじゃなくてもやってたと思う。でもフェミがあったから「大丈夫。やってける」と思えた。

――ふ~む。フェミってそんなに力を与えてくれたんだ。

わたり◎その頃はね、万能に思えたの。フェミが。カブレてたし(笑)。「性欲は本能」だとか「だからレイプはあるんだ」だとか「男が女に性欲感じるのは当たり前」だとか「チンコないと本当のセックスじゃない」とか、そういう言葉への恨みつらみが爆発して、滅茶苦茶ゴリゴリで、攻撃的で……。もう男が女に性欲感じることさえ許せないような、ある種非常にマッチョなフェミになっていたと思う。だから始めた頃はどっかしら使命感っていうか、ほら、性の現場を変えてやるんだ! とか、男の性との闘争だ、女は搾取される性じゃない! みたいに考えていた。思い返せば〝搾取〟とか〝闘争〟とか〝自己定義〟とか、あの頃はフツーに口にしていた単語のような……。今思うとすごいよね。それから、セックスワークという言葉もその頃の私にはちょっとハイカラ過ぎたんで、あえて〝性労働者〟と名乗ってた。ここら辺のこだわりもガチガチだったといつか……。やっぱり〝カブレ〟てたんだろうなあ。

――でもフェミの中には、セックスワークは、男の犠牲になっているだけだって主張する人もいるじゃない。それはどう思う?

わたり◎それはね、私もやっぱり男の犠牲者なのかなって考えたことはあるよ。あるけど、でも、ほら、実際に稼ぎ出したり、お客さんがついたりすると、自分の営業にそれなり自信が出てくるんだよね。サービス能力とか、接客術とかにね。で、うん、この満足感は犠牲者じゃないよなって。お金も稼げて、この接客が欲しいというお客さんがいるとなると、やっぱり……。プロ意識っていうのが出てくると、自分のことをわざわざかわいそうとか、犠牲者とか思わなくなるよね。

◆もともとレズビアン

――わたりさんは、ワーカーになる前は、女性とつきあっていたって聞いたけど、同性愛とかレズビアンの情報には、アクセスしていたの?

わたり◎私が最初の頃に「女性同性愛者」について知ったのは、例えば別冊宝島の『女を愛する女たちの物語』(一九八七)かな。でも、あれを読むとレズビアンってタチやおなべなどの役割至上主義な人とか、もしくは〝れ組〟系の短髪・自然食・スッピンみたいな人たちしかいないような気がしたんだよね。タチ役・ネコ役なんて様式美の世界はいかにも窮屈そうだし、〝れ組〟の人たちのようにカッコよく生きるにはボンノーが深すぎて……。あと情報として知りえたのは、百合と呼ばれるような宝塚・ミッション系女子高文化・吉屋信子などの乙女の世界とか、『薔薇族』の文通コーナーにあるような「とりあえず結婚はしてますけど美しい貴女とひめやかに愛し合いたいのです」という主婦とか。どれも全く馴染めなかったな。何かうしろめたさがあって暗くって……。

私みたいにそこいらの公立共学育ちで、フツーにお洒落とかお化粧とかマンガとか好きで、セックスでは私もあれこれしたいし、されたいし……というタイプでも居場所のできたのが、その後のゲイ・リベレーションだった気がする。タチネコという言葉をとりあえず一遍否定してみたり、「お洒落したい!」とか「綺麗になりたい!」などの現世利益を肯定したり、保険や貯金、女が一生働くことについて考えてみたり、やおいやコミケ、クラブ文化などのサブカルまであってすごく居心地がよかった。何というか〝フツー〟だった。実際「ビアンはそこら辺に当たり前に存在している」みたいなことがスローガン的に言われていたんじゃないかな。当時のゲイリベを体験して、ビアンがそこら辺にいるのではなく、そこら辺という場所は常にいろんなカテゴリの人を内包しているんだと思えるようになった。フツーってことがありがたかったんだよね。

——セックスワーク始めた時も、女性とつきあってたの？

わたり◎ううん、その時はパートナーがいない状態だったんだけど、セクシュアリティは、かなり女の子が好きだったたって感じ。

——女の子が好きなのに、男の人とセックスをするのってどんな感じ？

わたり◎やっぱり、お金かな？ 私は完全な異性愛者でないから冷静にっていうか、気楽に働けるっていう気持ちがあって。何ていうんだろう？ 睦み事っていうわけじゃないんだよね。コミュニケーションの一つとかでもなくて……。お金を稼ぐため。男は金になるみたいな（笑）。

◆マンヘルからデリヘルへ

——一番最初にセーファー・セックスについて知ったのはワーカーになる前？

わたり◎知識としては持ってた。ずっと前から。九〇年代前半のゲイ・リベレーションの流れだと思う。レズビアン雑誌みたいのがたくさん創刊されて、その中で出てきた。HIVの流れで、ゲイの人たちの状況とか聞く時に、セーファーの話が出てきて知識としては知っていた。

——わたりさんは、その頃、女性に興味を持っていたんだよね。

わたり◎うん。女の子とつき合っているときは（セーファー・セックス）していなかった。うん、もう対岸の火事みたいなもんだね。人ごとだった。

——実際、ワーカーになって男の相手してみてどうだった？ 最初はマンヘル（マンション・ヘルス：マンションの一室でサービスをする）で働いたって言ってたよね。セーファー・セックス、うまくできた？

わたり◎いやいやいや！ いきなりは無理でした！ 何をどう伝えればいいのかも解らなかった。それでもたまたま感染することはなかったけど、今にしたらハードなサービスしてたと思う。コンドームなしのフェラチオ。口内射精。同じくコンドームなしの素股……。店が提示するサービス内容に入ってるから、それを一通りやってたのよ。もちろんお客さんに頼まれもするけどね。

――店から、セーファー・セックスの指示は？

わたり◎全くなしだったよ。コンドームを置いてるところは多かったけど。

――どうやってつけるかとか、つけ方わかってるか、という確認もなし？

わたり◎あー！　ないない！　そうだね、改めて聞くと「そういうのは解るでしょ？」みたいな雰囲気だった。置いてあるだけだもの、コンドームの用途さえ解らなかったよ。

――セーファー・セックスに目覚めたのはいつ？

わたり◎デリ（デリバリー・ヘルス）を始めた頃。業界入って二年めかな。デリで本格的に週六日とかで働くようになったの。そうすると、お客さんのお部屋に伺うじゃない？　お風呂なしの家とかもあるのよ。部屋がすごく散らかってたり、何かすごく衛生的に不安になっちゃって。

――でも、だからセーファー・セックスってわけではなかったんでしょ？

わたり◎うん。デリヘルも最初は、いきなりできたわけじゃないけど。働く日数が多くなってくると、それだけ切実になってくるっていうか。それまでのように一週間に一回出るか出ないかという働きっぷりではなかったから。

――その時って何かきっかけがあったの？　それとも自分でまずいと思ったの？

わたり◎セーファーをちゃんとしたいというのは、ずっと思ってた。セーファーができないと、今度は自分を責めちゃうみたいな感じになっちゃうんだよね。だから、セーファーをやっていくしかないっていう。う～ん、本とかも読んだかもしれないね。

――その時は仲間どうしでそういう話をしたりしてた？

わたり◎あ、ううん。それはなかった。セーファーについて誰かが具体的に教えてくれるわけじゃないから。もう出たとこ勝負。少しずつやって編み出していったって感じかな？

――じゃあ、デリヘルはそれがやりやすかったのかな？

わたり◎あー！　それはあるかも！　対面受付が近くにあるわけじゃないからクレーム対応が個人でやりやすい。店にクレーム行かないってのは、私にしては大きい要素だったよ。自分が決められることが増えたし、プロ意識が出てくると、お客さんに移さないようにとかも考えるようになるし。

――それはマンヘルの時は難しかった。

わたり◎うん、マンヘルでは、自分が働きたいように働いた感じがしないんだよね。犠牲者っていうんだったら、あの時代は犠牲者だったかもしれない（笑）。自分の意見なんて述べられなかったし。サービスにも自分のやっていることに自信がなかった。

――デリヘルの方が、お客さんの反応がわかりやすいからかな？

わたり◎デリのシステムにもよるかもしれないけど、箱ヘルだと、まず最初に、女の子はどういう子かってわかるわけじゃん。パネルをみて、顔写真とかで。サービス内容とかも、パネルで提示されているし。でも、デリはもっとドライで、ドア開けて、「この子はだめだな」って言うんだったらチェンジとかもできるじゃない？　だから、私の中では、お客さんの家に入りこめたら、その時点で、この場の主導権は私が握りますよ、みたいな感じになっていたんだよね。

◆客にばれないようにつける術

――でもお客さんがみんな主導権を持たせてくれる？　例えば、わたりさんがセーファー・セックスしようって言った時に、嫌だって言われたことは？

わたり◎そうね。生がいいなあって言うような人はいるよね。

――そういう時はどうする？

わたり◎お客さんによっては、病気とかね～って言ったりもするし、ゴムがある方が、私も心配がないから、思いっきりいいサービスができるとか。

――それで納得してもらえる？

わたり◎よほどのことがないかぎり。案外怒られないものなんだと思った。ちゃんと話せば。その場は通じることが多い。言葉の意味は解ってくれなくても、「何かしおらしいこと言ってる」みたいには思ってくれるみたいよ。

――話しても通じなくて困ったことは？

わたり◎あるよ。ねちねち言われたり。くどくど言われたりして……。激昂して「店にクレーム入れるぞ!」って言われることもあった。二度ぐらいかな。後は、手だけのサービスにするとか……。そうそう、そういうお客さんもいるから、黙ってつける方法を身につけたのかな?

――黙ってつける方法?

わたり◎うん、お客にわからないようにつける術。69(シックス・ナイン)の体勢にもっていって、相手が知らないうちにゴムをかぶせてフェラをするの。

――相手は気がつかないんだ。

わたり◎気がつかないことがほとんど。終わった時に「わ〜」って驚く人たくさんいた。「いつのまに?何じゃ、これは?」っていうのがほとんどだった。

――じゃあ、気持ちよさは変わらないんだ。

わたり◎うん、生にこだわるわりには、気がつかないものだって思った。フェラしても気がつかないし、部屋を暗くしたら、素股でも気がつかない。

――おかしいねえ(笑)。でもそれって、わたりさんのフェラの技術かなあ。

わたり◎そういう技術があるって言いたいところなんだけど〜。やっぱり事前に知ってるか知ってないかじゃないかなあ。分かるようにつけてからやると、効果半減だった気がする。

――それって、自分で開発したの?

わたり◎うん、現場で考えながらって感じかな。思いもしないこと起こったら、また対策考えて、みたいに。

――じゃあ、今は自分がしたいようなサービスができている感じ?

わたり◎そうねえ、性感染症対策に関してはね。ゴムをつけることについては、自分のやることが身についてきた。今は、人妻店のホテヘル(ホテル・ヘルス)だから、ホテルまで出かけると、そこからは自分の好きなようにやるみたいな感じで。今のお店は、私のやり方に理解があるし。

――他にも、セーファー・セックスのための技とかってあるの?

わたり◎アナルを舐めろって言われた時には、(舐める代わりに)手をグーにして中指の第二関節で肛門をなぞる。鼻息を吹きかけながらするとバレない。

――へー。

わたり◎それから、正常位スマタは腰を落としてやる。これって説明難しいなー。尻の山を背中にくっつける感じで。ベッドに対して膣口を下方に鋭角にするということになるんかな？　するとアクシデント的な本番も防げるし、そけい部や恥丘でペニスの根元を摩擦することになるんで、かなりリスクが減るんだよね。

――ほうほう。

わたり◎騎乗位スマタならいっそペニスをお尻の割れ目に挟んで、その上で手を添えるといいね。人差し指と中指の間にわずかな空隙を作りペニスの先をそこに出し入れするように。たまに人差し指と中指の股に亀頭を引っかからせたりもする。膣口の真似で。もう片方の手のひらで覆えば擬似膣の出来上がり。その際覆った手の指は横に寝かせるのが吉でしょう。これで擬似ヒダ。ただし両手が後ろに回るのでかなりの確率でバレちゃう。だから、そういう了解の上で、客にとっては擬似本番、ワーカーにとってはよりリスクの少ないスマタという両者歩み寄りの技術ってとこかな。それから、ゴムフェラのゴムは……。

――え、まだあるの？

わたり◎うん、ゴムフェラのゴムは、挿入目的じゃないので、きっちりかぶせず先端部を少し緩め気味にするといいよね。緩めたたるみでシワを作り、そのシワで刺激する感じ。ぴっちりかぶせた状態でのフェラだと、客も終わった後に「あ、やっぱりゴムかぶせてたよね。そんな気がした」という反応になりがちだったので、たるませるのが肝なのかなと思います。ただし結構むせるけどね。

――すごい。やっぱりプロだね（笑）。

わたり◎こういうのってある種受身の方法なんで、言葉で思い出そうとしてもなかなか難しいね。実際に現場に入れば「はいその場合はこれ」「はいそう来たらこれ」という具合に、体で覚えた対策として出てくるんですけどね。

◆おしゃべりだけで稼ぐ？

――職場では、セーファー・セックスの話をするの？

わたり◎職場の環境によるよね。女の子たちの雰囲気がいい場合は、そういう話も出てくるかなあ。

――デリヘルの時は若い子もいたと思うけど、その子たちは、セーファー・セックスとか意識してた？

わたり◎話聞いていると、プライベートなところでは、何て言うんだろう、「相手が何とかしてくれるでしょう」みたいな感じがして。すごく気持ち悪いんだよね。避妊とか、セックスするかどうかとか、あんまり言わないみたいね。たまにプライベートのこととか相談されるんだけど、「（今まで一度も）イッタことないんだよね」とか言われると、「えっ？」て思う。

――お客さん相手の場合は、どうなんだろう？

わたり◎あんまりよくわからないなあ、仕事のことは。でも、「病気になった時はなった時」って言ってるのをよく聞くんだよね。「それはしゃーない」みたいな。「そういう風に心から割り切れるところが、この仕事で働くってことやで」って。そういうの、違和感あるんだよね～。セーファーして病気になるならしょうがないけど、お客さんの希望を丸呑みしておいて「病気にかかるっていうのはしゃーない」っていうのは、すごく気持ち悪くって。

――その人たちは「自分は覚悟を決めてる」って思っているのかな？

わたり◎「そう思わなきゃやってられない」って言うのは感じる。本心じゃなくても、でも、そうやって自分を納得させなくちゃやれない時があるっていうのはわかる。

――わたりさんにも、そういう時あった？

わたり◎うん、あった。

――周りにそういう人がいたら、どうしてる？

わたり◎難しいなあ。他人の働きぶりに口出せないっていうのはあるよね。でも「そういう場合は、ゴムつけてもいいんじゃない」って、遠慮がちに言っている。軽い感じで。

――わたりさんが「客の言うことを丸呑みしても仕方がない」って思った時と、「そうじゃない」って思っている今とでは、何が変わったんだろう？

わたり◎それ、私もこの前考えたんだけど……。仕事を長いことやろうと思っている人たちは、ちゃんとわかっているんだよね。逆に期間を決めて、やがて〃上がる〃っていう人たちは、すごい〃割り切り〃という言葉のもとで、望まない撮影や広告とか、ハードな取材を受けたりしている。「この期間だけは」みたいに。「はよこの仕事から上がりたいから、やってるんやんか」って感じで、ちょっと悲愴なんだよね。

——その人たちは早く上がれてるの？

わたり◎早く上がれてる人もいれば、そうでない人もいる（笑）。聞いた話だけど、病気にかからなければいいと言って、話ばかりしている人もいるらしいよ。風俗に癒しを求めてくる人いるじゃない。肉体的な快楽じゃなくて。そういうお客をつかむキャラを作って、おしゃべりだけで、がっつり稼いでいる。それはそれですごいよね。

◆セックスは単なる一つの方法

——仕事を始めた時には、男は恋愛対象じゃないから楽だって言ってたよね。

わたり◎私にとって男っていうのは〝お客さん〟という最下位カーストだった。人間じゃなかった。だから単純にお金を出す人。そう思うことが、すごく働きやすかった。

——今もそう？

わたり◎今は、もうちょっと丸くなったと思うよ。お客さんであることに変わりはないけれど、男の人の人間らしいところもわかるようになった。お客さんという肩書きをとった、人間らしいところ。お客さんが気を使っているとか、遠慮しているっていうのが見えた時。

——セックスワークっていうけど、セックスだけしてるわけじゃないもんね。

わたり◎うん、いろいろなことやってるって感じ。お客さんの求めているものって、実はすごく漠然としていて。それを、今は〝癒し〟っていう一つの言葉にしちゃっているけど……。失恋している時の話し相手だったりとか、今日一日仕事がんばったからとか、若い人だったら、プロの風俗のおねえさんはどういうことしてくれるのっていう好奇心だったり、それとか、初めてつき合う彼女とセックスする前に、女性のからだがどんなものだか実際に知っておきたいとかさあ。懇意にしてくれた初老の方だけど、家族への復讐のために呼んでるっていう人もいたよ。私を呼んだ日を克明にメモに取っておいて、「いつか自分が死んだら息子がこれを見つけたらいい！」って怒ってた。性的、肉体的なことから、気持ち的なことまで。いろいろ相談されちゃうよね。横になっているだけでいいっていう人もいるし。

――仕事を始めた頃と今とでは、セックスについて考え方は変わった?

わたり◎前はねえ、すごい平等とかにこだわっていた。「ベッドの中の平等」みたいな。女の人が相手の時とか、自分が嫌でもしなきゃいけないとか。セックスを断れなかった。でも仕事始めてから、もう少しポジティブになったっていうか、距離がとれるようになったかな。そんなにこだわらなくてもいいじゃない、っていうところが出てきた。さっきの話と通じるんだけど、癒しとかいって横に寝てるだけで得られたりとか。必ずしもセックスしなくても良いわけよ~。いざセックスをしようとした時に、おちんちんが立たなくなった時でも、すごい鷹揚になった。別にそこにこだわらなくてもいいじゃない。おちんちん使わなくてもいいセックスしてみようよ、って。セックスばかりの仕事をしていたつもりだったのに、セックスがいろいろな方法の一つになっちゃったって感じ。

――いろんな方法の一つって、何をするための方法?

わたり◎愛情表現とか、今あなたとすごく仲良くなりたいという気持ちとかさあ、そういうのを伝えるいろんな方法の中の一つ……。お話したり、そういうことの中の一つ。とりあえず、今セックスしなくても、あなたへの愛情は変わらないってことなんだけど。

◆セックスでは演技が必要?

――わたりさんは、男性相手のセックスと、女性相手のセックスとでは、違うイメージを持っている?

わたり◎自分の中では、最初違っていたものが似たような感じになってきたんだけど、そうなればなるほど、違いが逆に浮き彫りになってきた。男の人と女の人で、こんなにセックスに対する立ち位置が違うんだって。

――どういうことかな。もう少し詳しく話してくれる?

わたり◎最初は違うと思ってたの。相手が男の場合と女の場合では、セックスするの。女の人の方がやりやすかった。言葉が通じるっていうか。痛いとか言えば、少なくとも聞いてくれる。「でも俺は……」

と遮られたりしないし。でも、風俗やり始めて、セックスが絶対じゃなくて、コミュニケーション・ツールの一つだと思った時、私の中で、男の人とも女の人ともそういうスタンスでセックスするようになってきたんだけど。う〜ん。私の立ち位置が一本化されればされるほど、違いがでてきたっていうか。

——どういう違いなんだろう?

わたり◎う〜ん、何ていうんだろう。頭が固いっていうのかな。なかなかわかってもらえないんだよね。男の人とセックスする時に。挿入以外のやり方とか。セックスの最中に「演技するのも悪いことじゃないよね」と言っても通じにくいし……。実際、演技をしないとすねるくせに、演技も悪くないよねとか言うと、「本当に感じたんじゃないんだ……」って傷ついちゃう。

——演技が本当でないと困る。

わたり◎ちゃんと自分が感じさせていると思いたいみたいね。「じゃあ、演技しないでマグロでいましょうか」というと、それはそれですねちゃうし。なかなかね〜。そういう部分に違和感、感じる。女の子にこういうこと話すと、そうそう、あるあるってなるんだよね。私がセックスする相手であれ、友人であれ。

——セックスをする相手が女の場合は、こういう問題は起こらない?

わたり◎少なくとも、言葉は通じやすい。最初からわかっていなくても、話をしていけば。「私、本当に気持ちいいときは、集中して声とか出さないかもしれないけど、いい?」って言った時の反応が違うよね。私が声とか出さないと、男の人は途中で飽きちゃうんだよね。「もうこんだけ頑張ったからいいでしょ?」って感じで。すごく、何て言うんだろう、お膳立てをしている感じがする。男の人とする時は。相手にとって自然な流れにするために、こっちはすごく不自然にいろいろ考えて、作り込んで、手回しして、こっちがいけなくなったりするし……。

——男の人にとっては、やっぱり見た目の反応が大事なのかな? 以前、リンダ・ウィリアムズっていう映画研究者が、「ポルノの歴史は、女性がイクところをどう視覚的に表現するかの歴史だ」って言ってた[Williams 1999]。男の場合は、射精という見せ場があるけど、女性の場合は、視覚的に分かりにくい。

わたり◎う〜ん。相手が男の場合は、見た目だったり、視覚だったり、声だったり、そういうお膳立てがすごく必要な気がする。もちろん、そういうので萎える人もいるけど。

――自分が感じさせているのを見たいのかな。

わたり◎女の子たちって誰かに教えられたわけじゃなくても、演技しなくちゃいけないって思ってるんじゃない？　たとえ最初のセックスでも、演技するよね。

――それ不思議なんだよね～。

わたり◎友達とかとしゃべっていて、「一番最初の時、演技した？」って聞くと、「した」っていう子が多い。「そういうふうにするよね～」ってなる。

――どこで習うんだろう？

わたり◎どっからなんだろう？　何となく刷り込まれている。セックスってそういうものなんだっていう。だってAVを見たことない子でも、そういうふうに思うんでしょ。やっぱり無言のメッセージとか受け取っているのかな？

――それに「いやいや、やめて」ってどうして言うのかなと。

わたり◎ああいうのも、「セックスの時に言っておいたら間違いない」って言葉。

――なんでだろうね？

わたり◎それがよくわからないからむずがゆいの。電車の中刷り広告とかかな？　ドラマとか見ても、マンガとか見ても、求められる女ばかりじゃない？　歌の歌詞とかでも。積み重なっちゃったら、セックスでも、とりあえず「いやっ」と言っておけ、みたいになるのかな？

――やっぱり、女の子がセックスに関して自分がどういうことをしたいって言わないと始まらないのかな。

わたり◎やっぱり大事だと思う。自分のやってみたいことを知る。相手がこうして欲しいんだろうなあっていうことを先読みするのではなくて。

――そうすると嫌われるんじゃないかって怖いでしょ？

わたり◎実際、現場で男の人に「どうすれば気持ちいい？」って聞かれても、本心はなかなか言わないと思うんだよね。こう言った方が喜ぶかな、みたいな。

――結構、根が深いね。

わたり◎根が深い、でも、ちょっとのきっかけだと思うんだけどね。

◆欲望を伝える

——そういうセックスの固定観念をなんとかしたいと思うんだけど……。何か違う方法について提案できないかな。

わたり◎提案するってさあ、自分はこうしたいんだけどっていうのがないと提案しづらくない？　私はこういうのが気持ちいいんだけど、みたいなことがわかっていないと。

——でも、フェミニストの中でも、セックスについて触れたがらない人もいるじゃない。

わたり◎どこにいるの？　フェミニストは自分のからだに自覚的だと思うんだけど……。

——でも性的なことをすぐに「セクハラ」の一言で片付けたり、家父長制の発現形態だといって忌み嫌う人もいるよ。たしかにセクハラは問題だけど……。

わたり◎たしかに「見られるのは嫌よ。あんたから」って、性的に拒否することはいっぱい言ってきたけど、何を望んでいるかは言ってこなかったかな？　でも、欲望ってあるよね。

——見られるのが嫌だっていうけど、相手にされないのも嫌だよね。

わたり◎私を相手にしないのは、それもセクハラ、みたいな（笑）。「私、もうおばちゃんやから」って、よく言うじゃない。あれも……。

——「性的なもの」って範囲が限られているからかな？　セックスの範囲がせまいのかな？

わたり◎私だって女性みんなが全く受け身で、相手にお任せとは思ってないんだけど、「自分の欲望を伝える」ってある程度成熟して、「自分はこれでいい」という部分がないと、言えないことなのかなって。聞いてみたいよ～、若い子たちに「セックスってどんなもんだと思ってるんだ？」って。セックスって「こんなものなのかなあ？」って言う人多いじゃない？「なんか気持ちよくないんだけど」って感じで。違和感が置き去りにされている。「私気持ちよくないんだけど」とか。でも、そういうふうにちょっと疑問持つ人は見所があるっていうかな？（イッタこともないのに）「ああ私は別にイクことにこだわってないから」って言うのを聞くと、ちょっとどうかなって思う。「知らないんでしょ、それ以外を？」って思う。

——何が問題なんだと思う？

わたり◎私は「ちゃんと伝えたりしてる？」って言ったりしているんだけど……。まずは「何を伝えたいか」を知る。自分の気持ちいい部分を知る。後は、「自分が伝えたいことを伝えてもいいんだ」ってことを知る。彼氏さん任せじゃなくて。でも、女の子ばかり頑張らなきゃいけないっていうのは、ちょっと問題だよね。我慢していて、その上、頑張って言えなきゃいけないっていうのは……。

◆必要なのはロールモデル

——セックスワークに反対する人たちに何か言いたいことある？

わたり◎う〜んと、私は別に認可が欲しいんじゃなくて、働きやすければいい。一生の仕事にしてもいいし。面白いし……。欲しいのは、働きやすい職場。ただのおまんまのネタじゃない？

——それじゃあ、「セックスワークやりたい人は、どんどんやってください」っていうのはどう思う？

わたり◎自分はやりたいけど、他の人のことほっといていいってわけにはいかないよね。ＳＴＤ（性感染症）に関する知識がないまま、やりたいからやっているっていうのは……。たしかに風俗っていうのは、大きなお金がすぐ得られるっていうのがあるって思うんだけど。

——ＳＴＤの知識はどうすれば届けられるのかな？

わたり◎仕事であれば、誰かに聞いたり教えたりしないとって思う。先輩に聞くとか。もしそういうことが出来ないのであれば、何だろう？　より身近なところで、情報が届くっていうなら携帯かな？　でも、今一番多いのは口コミだと思う。どこのお医者さんがいいとか。女の子どうしの情報が一番多い。

——そこに正確な情報が流れ始めればいいんだ。

わたり◎それはそう思う。やっぱり、長い間働いている人の知識とか経験とかって重要。いろんな場合の対策方法がぱっと出てくるし。こういう時は、こうすればいいからって。やっぱり女の子も最終的に頼るのは同僚だよね。うちの店にも、「完全ゴムフェラだよ」って言ってる人が、一人いるんだよね。そういう人が一人いれば違う。「ああ、私もやっていいんだ」とか、「それでもお客さんがつくんだ」、「指名がとれるんだ」っていう生きた見本がいると変わると思う。

――やっぱり、そういうロールモデルになる人が増えるのが大事なのかな？　そういう点では、わたりさんも、素敵なロールモデルだね。「相手に気づかれずにゴムをつける術」（笑）とか、お客さんのニーズに合わせながらも、自分のしたいこと／したくないことを伝えていく術とか、セックスを広い意味で捉えながら、相手の漠然とした要求に柔軟に対応していく術とか……。もっとそういうスキルやノウハウが伝達されるようになるといいと思う。それってセックスワーカーに限ったことじゃないし、一般の人にも、ぜひ還元したいスキルだよね。今度、わたりさんを講師にして、この本の読者対象のワークショップができるといいかも。

わたり◎それ素敵な提案だね。やりたい、やりたい……ぜひ（笑）。

――企画が実現することを望みつつ……。今日は本当に貴重なお話をありがとうございました。

（インタビュー：二〇〇八年二月二五日）

理論編

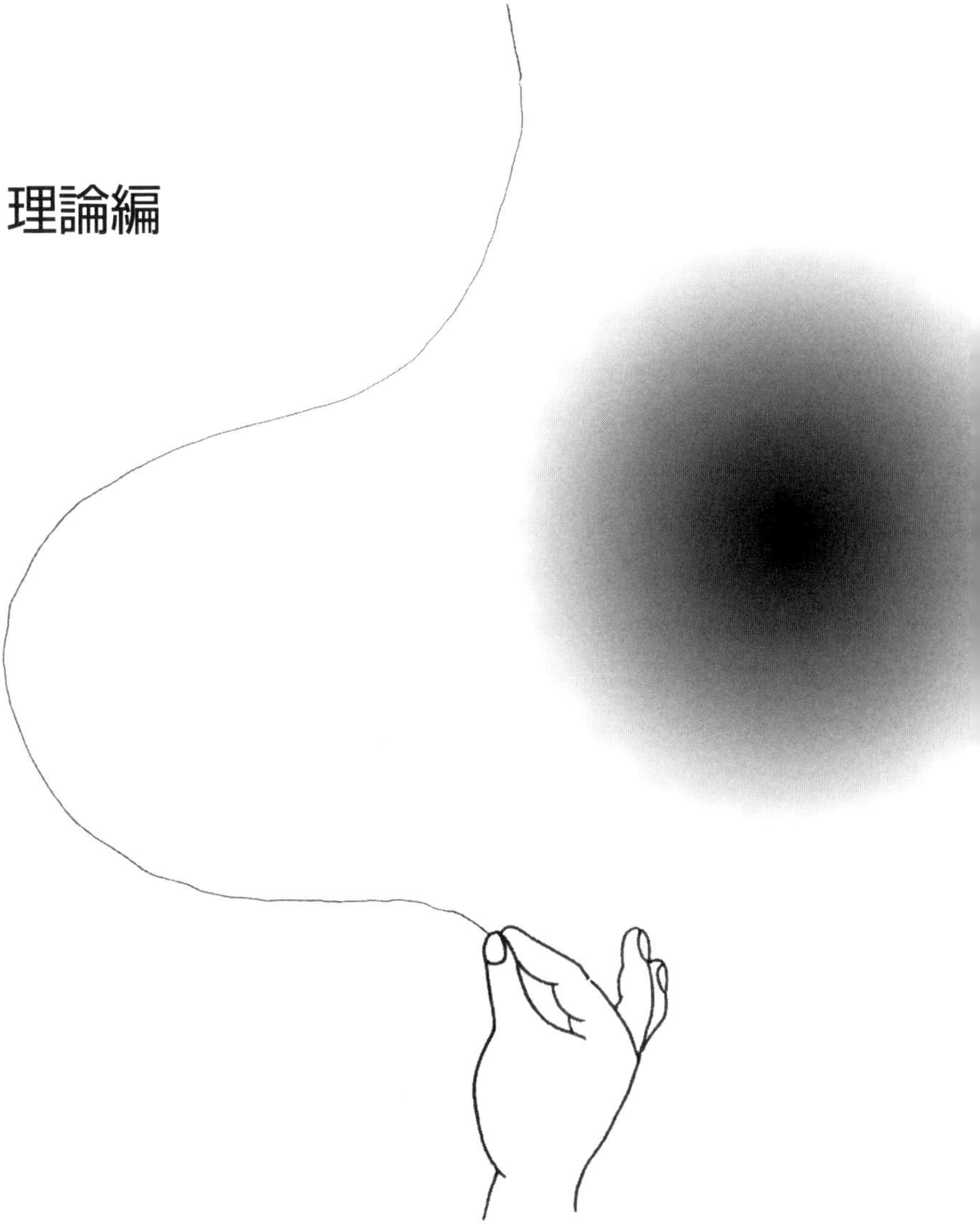

第6章

性の研究は誰のもの？

「性」善説と「性」悪説

見出しに性善説と性悪説と書いたが、孟子と荀子の話をするのではない。「性」の意味は異なるが、性は基本的に善であると考えた性の研究者と、そうではなく悪と考えた性の研究者がいた。「性」に関する時代潮流や個人的信条が、性に関する科学のあり方を左右してきたのだ。ここでは、両派の代表を一人ずつ紹介しながら、性の研究における性善説と性悪説について考えてみたい。

まずは〝性悪説〟から。オーストリアの精神科医リヒャルト・フォン・クラフト＝エビング（一八四〇―一九〇二）は、欧米だけでなく、日本にも多大な影響を与えた。彼は自分の患者の話や、裁判での被告の供述、他の医者仲間の体験や、医学書の実例などから、たくさんの〝性的倒錯の症例〟を紹介し、それを「遺伝」や「道徳的堕落」といった観点から論じた［Brecher 2000］。フェティシズム、同性愛、サディズム、マゾヒズムを「四大性の病理」と呼び、マスターベーションを「フェティシズムや同性愛から快楽殺人へと向かわせる、性的倒錯の発展要因」と断じた。これらは、まったく科学的根拠を欠いた発言であったにもかかわらず、本は多くの読者を獲得し、長期にわたり売れ続けた。

その理由の一つは、性の保守派に圧倒的な支持を得たことだが、もう一つの理由は、この本に書かれたさまざまな性のスキャンダルが、多くの読者の関心を呼んだからだった。こういった読者は、学問的関心というより、むしろ好奇心からこの本を手にとっていた。しかし、ここで問題なのは、それを読み終える頃には、「性は病理である」という非科学的な思考を無意識のうちにすり込まれてしまうことである。

こうしたことは、今日のマス・メディアでの性の取り上げ方全般にもいえるだろう。テレビの視聴者や週刊誌の読者は、好奇心から性のスキャンダルに接するが、それを通して知らず知らずのうちに、性とは「淫らなものだ」とか「恥ずかしいものだ」という、根拠のないマイナスのメッセージを植えつけられている。

その一方で、性の病理化に懐疑的だった〝性善説〟の研究者もいた。イギリスのヘンリー・ハベロック・エリス（一八五九―一九三九）は、セックスは、人それぞれ、また、文化によっても異なっているという考え方を明確に打ち出した最初の人物である。一八九六年から一九二八年にかけて、七巻にわたり出版された『性の心理に関する研究』は、性を宗教や道徳に縛られない立場から書かれた記念碑的著作集である。

エリスはこの書で性の実例を大量に集め、それらについて思考を深めていったが、そこから導きだされた結論は、クラフト＝エビングのそれとは全く異なるものだった。例えば、マスターベーションは、いつの時代にも、男性にも女性にも見られるものである、同性愛と異性愛は、黒と白にはっきり分かれるものではなく、両者の間にはグレーゾーンがある、女性に性的欲求がないというのは神話に過ぎない、などである。

一連の著作を通じてエリスが問い続けたものは、「正常なセックスとは何か」ということだった。古今東西のセックスに関する実例を数多く集め、それらを綴ったエリスは、性に関して、正常と異常の間の客観的な境界線を引くことは不可能であると結論づけた。そして、「性的倒錯といわれているものは、ひどく不快だと思われているものでさえも、正常な人間の心に潜んでいるものが、極端な形で現れでたものに過ぎない」と主張した。

クラフト＝エビングとエリスの出した結論の違いは、本人たちの価値観の違いでもあったが、見逃してはならないのは、クラフト＝エビングが、主に犯罪者や精神病患者についての報告をデータにしているのに対し、エリスは、身近にいる人たちへの省察も含んでいたことだろう。こうした観察対象の違いは、研究結果に大きな相違をもたらす。一八〜一九世紀において「売春婦」の差別化を決定づけた種々の研究や［ゴーロー1991］、二〇世紀の精神分析理論の礎を築いたジークムント・フロイト（一八五六―一九三九）の考察も（その思考過程が後世にとって意義深いものであったとしても）、逮捕者や精神病患者などを主なサンプルにした作業的な仮説であったことを忘れてはならないだろう。

セクソロジーの歴史

セクソロジーという言葉は、ドイツ語の Sexualwissenschaft（性科学）を英訳したものだ。元のドイツ語は、イヴァン・ブロッホ Iwan Bloch が一九〇七年に出版した『我々の時代における性生活』Das Sexualleben unserer Zeit の記述に由来している。そこで、性科学は、性を一つの視点から包括的に研究する学問領域で、医学と生物学を基礎としながらも、歴史学と人類学的方法論を援用すると定義されている［Haerberle 1994］。

この理念は、翌年、マグヌス・ヒルシュフェルト Magnus Hirschfeld によって刊行が開始される『性科学雑誌』Zeitschrift für Sexualwissenschaft に引き継がれる。さらにヒルシュフェルトは、一九一九年、性生物学・性医学・性社会学・性人類学の四分野から成る性科学研究所をベルリンに設立。後にはドイツ政府が運営し、未曾有の資料所蔵を誇る性科学の中心施設に発展させるが、一九三三年、ヒットラーによって全面的に破壊される。同性愛など人間の多様な性＝生の解明に乗り出した研究所の活動は、血統を重視した全体主義的国家建設を目指すヒットラーには、目障り以外の何ものでもなかったのだろう［ルベイ2002］。

第二次大戦後、性の研究はアメリカで飛躍的な発展を遂げる。人類学的研究は、インディアナ大学のアルフレッド・キンゼイ Alfred Kinsey らによって、生理学的研究は、ワシントン大学セントルイスのウィリアム・マスターズ William Masters とヴァージニア・ジョンソン Virginia Johnson によって牽引される。またセラピーやカウンセリングの手法は、コーネル大学のヘレン・カプラン Helen Kaplan や、カリフォルニア州ロングビーチに研究センターを設立したウィリアム・ハートマンWilliam E. Hartmanやマリリン・フィシアンMarilyn A. Fithianによって開発されていく［Haeberle 1978］。

セクソロジーを、その名称使用に限らず「性に関する研究」と広く捉えるのならば、二〇世紀半ば以降、その発展には目覚ましいものがあった。それまでマイノリティとして性の研究から排除されてきた人たちの可視化が、この大きな変化をうながしたのである。それまで抑圧されてきた女性のセクシュアリティを見直そうというフェミニズムの取り組み。強制異性愛主義に異議申し立てをしたゲイ／レズビアンの権利運動。男女二元論を揺るがしたインターセックスやトランスジェンダーの顕在化。従来の公衆衛生・社会福祉行政と闘ったHIV／エイズ関連のNGO活動。売春撲滅に反対するセックスワーカー当事者の活動。これらは、それまでの性に対する固定観念を根底から揺さぶり、新しい研究分野を切り拓くのに大きく貢献したと同時に、性の健康や権利に対する新しい理念を誕生させた。［参考：Wiederman & Bernard 2002］

（セクソロジーについて詳しく知りたい方は、ぜひベルリン・フンボルト大学の"The World's Largest Web Site on Human Sexuality"［http://www2.hu-berlin.de/sexology/］を参照されたい。）

セクシュアリティ研究センター

私が教育を受けたサンフランシスコのセクシュアリティ研究センター The Institute for Advanced Study of Human Sexuality も、戦後セクソロジーの普及に貢献した拠点の一つだった。一九六〇年代のゲイの権利運動に端を発する前身のナショナル・セックス・フォーラム National Sex Forum は、本書（三〇頁）で取り上げたSARの開発で知られる。一九七〇年代に組織が改変され、カリフォルニア州から大学院プログラムとしての認可を受けた。創立メンバーには、キンゼイ・レポートの執筆者の一人であるワーデル・ポメロイ Wardell Pomeroy、ドイツの歴史学者アーヴィン・ハーベル Erwin Haeberle、初代学長となる神学者テッド・マクイルヴェナ Ted McIlvenna などが名を連ねた。講義の多くはビデオに保存されており、学生はそれらを見て勉強することができる。私も創立メンバーや、有名なゲスト講師たちの講義を食い入るように見た。

日本には、〝アメリカは性に開放的だ〟というイメージがあるが、これは全くの誤解である。むしろ、性に保守的な勢力があまりにも根強く存在するから、その反動として性の解放や権利運動も盛んになる。研究者中心の学会（The Society for the Scientific Study of Sexuality）や、カウンセラーや教育者の協会（The American Association of Sexuality Educators, Counselors and Therapists）など専門家集団の活動は盛んだが、常に性を邪悪なものとし、禁欲主義を謳う宗教右派と背中合わせの状態であり、政治的抗争は決して絶えることはない。

一九七〇年代以降、大学の学部教育や医学・看護教育で性（Human Sexuality）の授業が広まったとはいえ、性の専門教育機関を運営するのは容易なことではない。例えば、研究や教育には、裸の写真や性的行為を映した映像が必要だが、アメリカ政府から交付金を受け取るには、これが大きな障害となる。政府の顔色をうかがいながら道徳教育や公衆衛生的なプログラムを運営するか、それとも、政府の援助を諦めて自主自立を貫くか、どちらかを選択する以外に方法はない。サンフランシスコのセクシュアリティ研究センターは、後者の選択をした。それでも、時折、政府からの検閲を甘んじて受けなくてはならない上、予算確保が難しくなるので、学校運営はままならない。

しかし、セクシュアリティ研究センターは、破天荒なカリキュラム編成で、話題のゲストを招きながら大胆に教育を押し進めてきた。そこでは、セクソロジーは次のように定義されている。

> セクソロジーは、性行動のあらゆる側面に関する知の獲得に専心する研究領域である。この企ては、この探求がさまざまな分野を包含する性質のものであるために、とてもユニークで興味深いものとなっている。セクソロジーは、それ自身が一つの領域である一方で、人類学、生物学、経済学、美術、ジェンダー研究、医学、音楽、看護、心理学、社会学、社会福祉、神学など、多種多様な分野とも密接な関連

がある。[http://www.iashs.edu/faqs.html]

私が在籍した時には、医学、心理、社会福祉、法律、社会学、教育、文化研究など様々なバックグラウンドをもった個性的な学生が、アメリカを中心に世界中から集まり、それぞれの持ち味を生かしながら研鑽を積んでいた。卒業生には、各国、各分野の第一線で活躍している人も少なくない。

当時、重点科目とされていたのは、①性教育従事者（学校の先生だけでなく、ケアに関わるあらゆる分野の人を含む）に対する教育法、②クリニカル・セクソロジー（性に関する心理的・身体的機能障害を持っている人へのカウンセリングやケアのノウハウ）、③性感染症に関する理解と予防啓発手法、④セクシュアル・マイノリティの理解と支援、⑤エロトロジー（性の表象文化に関する研究）だった。これらに加え、私は自らの問題でもあるジェンダー・アイデンティティについて一貫して取り組んだ。［参考：日本性科学会 2005：Myerson 2007］

セクソロジーをめぐる路線対立

著名な性の歴史学者、バーン・ブーローは、性へのアプローチは、大きく「科学的アプローチ」と「ヒューマニスティックなアプローチ」の二つに分けられると論じている［Bullough 1994: 278-281］。前者は、自然科学や社会科学などの実証データ中心主義の立場であり、後者は臨床現場や対象フィールドでのふれ合いや語りを重視する立場である。

医療にたとえるなら、前者は、患者の個性を括弧に入れて「病気それ自体」の性質を実験や観察から解明しようとする西洋医学的アプローチであるのに対し、後者は個々の患者が示す全体像から、その患者の個性をも含んだ治療仮説を立て、それが有効かどうかを実践しながら見つけ出そうとする漢方的アプローチと言えるだろう［下田2003］。前述した研究者を分類すると、マスターズ、ジョンソン、カプランらが西洋医学派、ハートマン、フィシアン、ポメロイらが漢方派となる。セクシュアリティ研究センターは、明らかに後者の立場を重視している。ブーローは、セクシュアリティ研究センターは、既に自分の専門分野を確立した人を対象としており、総じてセラピーに照準を合わせていると述べている。

しかし、この二つは片方が正しく、片方が間違っているというものではない。西洋医学的な科学的客観性を偏重すれば、「客観性」の名の下に多数派のイデオロギーを押しつける昔の「性の科学」に先祖返りする可能性も高い。その一方で、漢方的なヒューマニスティックなアプローチだけをやっていると、「人間性」や「精神性」の名の下に特定の思想信条を押しつける、新興宗教に成り下がってしまう危険がある。

実際、こうした路線対立は恒常的に生じており、セクシュアリティ研究センターでもプログラムの方向性をめぐって、近年、社会学の厳格な方法論を重視するアイラ・リースが前者へと導こうとした。ミネソタ大学の教授職を高齢で退任したリースにしてみれば（アメリカの大学には定年がないので自主退職の形になる）、セクシュアリティ研究センターをセクソロジーの学術的な研究拠点に変貌させることは悲願だったのだろう。しかし、研究よりも現場での貢献を第一に考え、公的な財政援助と引き替えに政府や財界からの政治介入を受けることを懸念する二代目学長のハワード・ループル（前アメリカ性科学会事務局長）は、これに真っ向から反対し、二人の対立は激化した。リースとしては、これまで自分の弟分のようにかわいがってきたループルに裏切られたような気持ちだったのだろう。最近出版された『内部者が見たキンゼイ以降の性科学』[Reiss 2006] で、リースがセクシュアリティ研究センターを酷評しているのには、そうした裏事情もある。

残念ながら、セクソロジーのあり方をめぐる同種の抗争は、世界規模でも起こっている。一九七八年に設立された世界性科学会（World Association for Sexology：WAS）は、二〇〇五年、名称を世界セクシュアル・ヘルス学会（World Association for Sexual Health）に変更することを決議した。学会長である Eusebio Rubio-Auriolesno が公表した声明（"The WAS changes its name to World Association for Sexual Health"）には次のようなことが書かれている。

「セクソロジー」という言葉が、私たちがこれまで研究してきたこと、これから研究しようとしていることを表す最も適切な言葉であることに変わりはない。しかし、当初セクソロジーの確立に努めた研究者たちの思惑とは裏腹に、この言葉が人口に膾炙した結果、非科学的・非学術的な商業的文脈で安易に使われることが多くなり、そうした用法が社会的認知を得るようになった。そのような状況下で、科学的な研究を目指す者が「セクソロジー」という言葉に固執するのは、セクソロジーの発展にとって不利益である。したがって、名称を「世界セクソロジー学会」から「世界セクシュアル・ヘルス学会」に変更することを決議した、と。

性の研究は、近年、保守的な政治勢力によって抑制がかけられるようになり、続けること自体が困難になってきた。バッシング派は、セクソロジーを似非科学として解体を迫る。そんな政治的な抗争に巻き込まれるよりも、性の研究を続けることの方が大切だと現実路線を取る研究者たちは、「ヘルス（健康）」という言葉を使うことで、もっと科学性や実用性をアピールしようとしているのだろう［高橋2005］。

実際、わざわざ性の研究者であることを名乗らず、文学者、歴史学者、哲学者、社会学者、心理学者、脳神経学者、生物学者、医学者などとして活動を続ける人も多い。近年のセクシュアリティ研究が、セクソロジーという分野ではなく、人文系の研究者によってリードされてきたことは、このことを端的に表している。

クィア・スタディーズ

二〇世紀後半、それまで〝マイノリティ〟として性の研究から排除されてきた人たちが、自身の手で研究を始めた――ゲイ、レズビアン、インターセクシュアル、トランスジェンダー、セックスワーカー、ＳＭコミュニティの人々……。

「クィア」（queer）という英語は、もともと「変態」を意味する言葉であり、特に「ゲイ」に対する侮蔑語として使われた。しかし現在では、さまざまな性的指向や嗜好をもっている人たちが、むしろ「変態」であることにプライドをもち、互いに連帯していこうという意味で、この言葉を積極的に使うようになった。クィアは、それまで「同性愛者」や「性同一性障害者」という枠に収まりきれなかった人たち、つまり、性の曖昧さや揺らぎを持っている人たちをも含む言葉でもある。[参考：矢島2006]

クィアの肯定的な使用とともに、クィア・スタディーズは、英語圏を中心に一九八〇年代以降急速に広まりを見せた。特にクィア理論と呼ばれる理論的発展に貢献したのは、ミシェル・フーコー [スパーゴ2004]、ジュディス・バトラー [バトラー1997]、イヴ・K・セジウィック [セジウィック2000] といった人たちである。しかし、クィア・スタディーズは、一つの学問分野を形成するというよりは、いろいろな分野で応用可能な性に対する一つのアプローチを示したというべきだろう。[参考：河口2003：マリノウィッツ1997：ベルサーニ1997：Sanders 2005]

二〇〇七年一〇月、日本でも「クィア学会」が設立された。趣意書には「クィア・スタディーズとは、性と身体、そして欲望のあり方にかかわる諸規範を問い直そうとする、批判的／批評的な学術的探求の総体であると書かれている。誤解を恐れずに単純化するならば、これまで「性に関する常識」とか「自然な性のあり方」と言われてきた規範について、ちょっと考え直してみよう、ということだろう。例えば、人は男女の二つに分けられ、それぞれに決まった役割があるという考え（男女二元論／男女二分法）や、人は必ず異性の人間を性的対象とし生殖行為をしなくてはならない（強制異性愛主義）といったことについて、どうしてそれが「常識」や「自然」と考えられているか、少し立ち止まって考えなおそう。そして、これまでの「性の規範」によって排除された人たちもともに生きていけるような、新しい規範のあり方を模索していこうというものである。[参考：砂川2004：伊野2005]

近年では、セクシュアリティは、生の問題に他ならないという観点（特にフーコーの言う「生政治」）や、欲望や支配と切り離せないという観点（特に巨大資本や暴力／戦争との関係）から、幅広い範囲の研究や論考が発表されてきている [田崎2000：竹村2002：宮地2005]。

コラム★セルフ=エスティーム・ワークショップ

二〇〇三年に帰国後しばらくの間、自分が学んだノウハウを少しでも社会に還元しようとワークショップを散発的に企画していた。例えば、二〇〇三年一二月には、大阪のQWRC（クィアと女性のための資料センター）で、自分のからだに対するセルフ=エスティームを高める参加型ワークショップをおこなった。

最初に参加者に自己紹介をしてもらうのだが、ふつうの自己紹介に加えて、「自分のからだの中の好きな部分」を言ってもらう。目、髪の毛、爪、肌など、いろいろ出てくる。ただ言ってもらうだけではつまらないので、どうして好きかという理由も、無理のない範囲で話してもらう。これだけでずいぶん、私たちと普段分離された存在になっているからだとの関係が身近に感じられるようになる。それに他の人が、自分が思いも及ばないからだの部位を好きになると聞いて、そんなふうに考えることもできるのかと思ったりする。

しばらく話をした後で、今度は二人一組になって、「自分の一番嫌いなからだの部分について相手に二分間話す」というワークをする。胸とか足といったからだの一部でもいいし、寂しがりとか、男性／女性嫌いなど性格的なことでもいい。ただし、普段と同じように話し合うのでは能がないので、次の約束を守ってもらうことにした。それは「相手の話を黙って聴くこと」。うなずきも最小限にとどめ、ひたすら相手の話を聴く。「うん、そうそう。あるある……」といった同意や、「そうかなあ～？」というような疑問も一切示さない。ただただ聴く。実際にやってみると気づくが、これが意外と難しい。相手の話を聴くことが、どれほど集中力のいることか実感するはずだ。それと同時に、普段、相手の話をいかに聴いていないか（自分で勝手に解釈している部分が多いか）にも気づく。

これが一通り終わったところで、今度は、今話題にした「自分の嫌いなもの」になりきり、その所有者である自分に手紙を書く［Hartman & Fithian 1972］。例えば、嫌いなものが胸なら、自分がその嫌いな胸になりきり、その思いの丈を所有者である自分にぶつける。すると、今まで自分にとって「嫌いなもの」としてコントロール不能に思われていたものが、実は自分が関与できる存在であることに気づく。意識が相対化されるのである。

これはナラティブ・セラピーの手法に近いところがある。例えば「（私は）鬱でとてもつらい」というのを、「鬱が、私をとてもつらくさせている」というように言い換える。するとそれまで自分と一体となっていて、どうしようもないと思っていたものでも、自分の思い次第でコントロールできるような気がしてくる。「自己効力感」が高まるのである。視点を別のところへもっていくことによって理解の方法を変え、それによって対処法を見つける。これはポストモダン理論で脚光を浴びた「脱構築」を実践に応用したものだ［野口2002］。私は、これは有効な問題解決の方法だと考えている。

ひたらす悩みを聞いてもらうだけでは、なかなか解決に結びつかない。かといって、悩みの種を作っている相手や社会を変えることも容易ではない。そうだとしたら、まずは自分から変わっていくしかない。そういう時に、こうした脱構築を試みると、「もうどうしようもない」と思っていた状況を作っているのは、実は他人ではなく、自分であることに気がつくのである。

ワークショップの最後には、「サイコドラマ」をした。これは一種のロール・プレイだが、人の行動を演じるのではなく、心理的な部分を言語化していく（思考の過程を開示していく）という点で、ふつうのロール・プレイとは異なる。ある意味、ディベートに近い。また、ロール・プレイで対話している二人以外の人も、この心理劇に参加できるのも、サイコドラマのユニークなところである。応援発言をしたくなったら、その人の側にいき、体に軽くタッチする。そうすると、そのタッチした人が、代わりに発言できるようになる。この日は、参加者に「さっき手紙を書いた自分の嫌いな部分について、もう少し掘り下げてみたい人いますか？」と呼びかけたところ、進んで自分の問題を取り上げてほしいという人がいたので、それをサイコドラマ化した。［参考：信田2007］

最初の自己紹介の話から始まり、一連のワークが一つのテーマでつながったので、内容もずいぶん深いものになった。ワークとワークの合間には、私がからだやセクシュアリティ、ジェンダーについての基本的な話をした。参加者の多くから、刺激的だったと好評をいただいた。

自分のからだと向き合い、それと自身との関係性を見直す、これだけのことをするだけで、セルフ＝エスティームが高まり、生きる力が湧いてくる。私はセクシュアリティは、究極的に「身体を媒介とする関係性」だと考えている。性欲も、セックスも、オルガスムも、結局は関係性の問題であり、身体あってのものである。性と身体をめぐる自分と他者との関係性という視点から捉え直すことで、セクシュアリティを脱構築し、その過程から自己効力感やセルフ＝エスティームを高めていく。そんなクィアなセクソロジーもあってはいいのではないか。いや、人間関係の希薄さが問題化されている今、そういうクィア・セクソロジーこそが、重要なのかもしれない。［参考：浦河べてるの家2002：浦河べてるの家2005］

第7章 ◘ 私のからだは誰のもの？

なぜ性教育は叩かれるのか？

よくあちこちで、「どうして性感染症や同性愛についての性教育を、学校できちんとしないのですか？」という質問を受ける。二〇〇七年のアメリカ性科学会年報にも、性教育プログラムの効果に関して厳正に評価した四四の報告（一九九〇年以降）を集め、それらを総合的に検討した論文が紹介された［Kirby 2007］。それは、これまで言われていた包括的性教育の有効性を再度裏づけるものであった。禁欲教育や、コンドーム使用と避妊法だけの教育ではなく、複数の方法を組み合わせた長期的な性教育が重要であると結論づけられている。性教育に効果があるとわかっているのなら、なぜそれを実践しないのか。

私の考えでは、性教育（加えて、セクソロジー）が広まらないのは次の一点につきる。それは、性教育が避妊や性感染症予防や、性暴力や性の多様性への理解を深めることによって、私たち一人一人の生き方を個性的で豊かに変えるように、それとまさに同じ理由で、私たちの生き方を国家や巨大資本がコントロールするのを困難にするからだ。性教育は、私たちの「生き方」を規定する重要な要素であり、それは取りもなおさず、国家のあり方や、その舵取りをする政治や経済活動と不可分だからである。

古代のギリシアでは「生」という言葉は、ゾーエーとビオスに区別されていた。「ゾーエーは、生きているすべての存在（動物であれ人間であれ神であれ）に共通の、生きている」ことを、「ビオスは、それぞれの個体や集団に特有の生きる形式、生き方」を意味していた［アガンベン2003：7］。古代ギリシアの都市国家の内部では、単に生きる存在という意味のゾーエーではなく、特定の質を有した生という意味でのビオスが重んじられた。

近代国家においても、フランス革命後の人権が「市民である白人男性」に限定されていたことからもわかるように、民主主義のもとで私たちが保障されているのは、基本的にビオスの意味での「生」だけである。しかも、古代ギリシア時代には、都市国家の外では許されていた「ゾーエー」も、近代の国民国家というシステムでは、法律や科学によってコントロールされるようになってしまった。

フーコーは『性の歴史Ⅰ』で次のように述べている。「十八世紀における権力の技術にとって大きな新しい様相の一つは、経済的・政治的問題としての「人口」の問題であった。富としての人口であり、労働力あるいは労働能力としての人口であり、それ自体の増大と資源としてのその可能性との間の均衡関係において肥えた人口である」［フーコー1986a：35］。つまり、国にとって「人がたくさんいる」ということは、そこに豊かな労働力と戦力があることを意味し、国に富をもたらすことを可能にしたのである。もともと国力として重要だった国民は、一八世紀になって「人口」として統制される対象となり、「性」が経済的・政治的問題の核心に据えられるようになった。

国家的関心事となった性は、法律はもとより、統計学や精神医学といった科学によって管理された。結婚制度の徹底と婚外交渉の禁止は、国民を「数」として把握可能な、より統治しやすい対象にした。そして、出生率、妊娠率、結婚年齢など各種の統計が提示され、性に関する規範が作られた。

これにより、マスターベーションや同性間の性行為、女性の性欲やフェティシズムは精神的病理とされ、法律で禁じられると同時に刑罰までも科され、更生が強要された。また、一夫一婦の永続的な結婚制度を維持するために「売春」が制度化され、戦力とされる男性側にはその制度を「必要悪」として利用することが黙認される一方、女性の側には「売春婦」という新しい階級が割り振られ、一般社会から排除、差別されることになる。

このように、人口問題という国家的目標の下で、性的な行動には規範が作られ、「正常な性」と「異常な性」、

「健全な性」と「不健全な性」という枠組みが、あたかも自然の摂理のように鎮座するようになった。もともと明確な区分など存在しなかったところに無理矢理線が引かれたのである。

二〇〇七年一月に柳澤元厚生労働大臣が、女性を「機械」にたとえたり、二人以上の子どもがいることを「健全」と述べたことは、まだ記憶に新しい。近代的国民国家を維持しようとする立場の政治家や官僚にしてみれば、私たちの「性」は、いまだ人口問題以外の何ものでもないのである。

ところが、最近では、国家に加えて、世界規模の市場原理によっても、私たちの生き方はコントロールされるようになった。例えば、巨大資本による美容や健康のキャンペーンは、(それがもともと善意だったとしても)〝体ごと〟社会に適応しなくては、人として生きていけないような気持ちにまで私たちを追いつめる。まもなく本格化するメタボ検診や生殖・再生医療も、こうした潮流に追い打ちをかけ、新たな差別を生むことになるだろう。新しい形の「優生思想」が広がりつつある。

国家権力による性への抑圧と介入は、人口統制や国力増強が死活問題となる戦時中にもっとも露骨なものとなるが、少子化による労働力不足や社会保障制度の破綻が社会・経済問題化している今、私たちの性=生のあり方は、統制の対象とされ、再び政治闘争の場となっている。つまり、現在の性教育バッシングは、性教育の有効性とは無関係な理由で繰り広げられているのだ［加藤2007］。

ところが厄介なのは、性教育を批判する側も、そうしたからくりを認識している人は多くないことである。性をオープンにすることへの抵抗感、セクハラに関する通り一遍の理解、男女の性欲についての誤解、自分のネガティブな性体験への嫌悪感、性暴力や性的虐待に反対する強い正義感などが、性教育バッシング派への素朴な共感に変わってしまっているようだ。

性的虐待の何が問題か?

新聞を読んでいたら、青少年の性的虐待に注意を喚起する記事が出ていた(二〇〇八年七月二二日朝日新聞朝刊生活面)。性的虐待はこれまで明るみに出ることが少なかったが、多くの人たちがそうした目にあい傷ついてきた。PTSD(心的外傷後ストレス障害)に苦しむ人も多い。子どもが夏休みに入り学校外で過ごす時間が増える時期だった事もあり、新聞で予防を呼びかけるのは大切だと思った。

しかし、この記事を読んでいて、気になったことがある。それは、性的虐待の回避策に、家族どうしのからだのふれ合いを否定したり、性的な会話を禁止することまで含まれていたことである。これでは、逆に性に対する無理解を助長し、性の禁止によって、かえって性へのコントロール不能な欲望を膨らませることになりはしないか。家庭は、子どもたちが性について学ぶ重要な場所の一つである[Richardson & Schuster 2003]。

また、性的虐待に対する強烈なマイナス・イメージを発信することで、既にそうした経験を持っている人たちの二次被害を増幅し、PTSDの症状をより悪化させることになりはしないだろうか。HIV/エイズの啓蒙をはじめ、私たちはこうした失敗をこれまで何度となく繰り返してきた。ぷれいす東京がいつも言っているように、予防とケアはセットで実践しなくてはならない。

セクハラやポルノグラフィーをめぐる対立論争に関して、性の社会学者アイラ・リースが述べた次の言葉を、私たちは胸にしっかり刻んでおく必要がある。「われわれが性表現を議論する際に、実際に反応しているのは、議論の対象となっている客観的な素材に対してではなく、そこに提示されたタイプのセクシュアリティについて自分自身が心の奥底にもっている感情の投影に対してである」[Reiss 1990: 132]。私たちの多くは、性についての考えを述べる時、問題とされている事象よりも、個人的感情というレンズを通して映し出された主観的イメージにもとづき発言をする傾向がある。

しかし、私たちが直視しなければならないのは、肌のふれ合いがなくなり、性が語られないことで人が差別され、被害が増加しているという現実である。特に最近、若い人は先輩や友人など「人」を介してではなく、インターネットをはじめとするメディアの「消費を煽るための情報」を無批判なまま大量に浴びるようになった。人から生きた助言を得たり、生身のからだとの素朴なふれ合いを体験しないうちに、メディア上に表現された非現実的な欲望が自分に内面化され、「自分の欲望」との区別すらつかないまま性行動へと駆り立てられる。そこでは、性をめぐる判断力や、性を通じた人間関係の作り方が不問にされ、性欲と所有欲／自己顕示欲との混同が生じる。

これでは、性はますます邪悪な魔物とされ、政争の具に利用される一方だ。問題なのは「性」ではなく、性について語る、つまり、自分の頭で考える機会のないことである。性的虐待で問題なのは、「虐待」の部分であり、「性」の部分ではない。性が問題なのではなく、性をめぐる私たちの関係性が問題であることを再確認しながら、性的虐待に対する予防策を講じていく必要がある。【参考：牟田2001】

ローリー・トビー・エディソンの写真集『大柄な女たち』と『見慣れた男たち』

性に関するさまざまな科学的・似非科学の情報がメディアで飛び交う現在、それらに対して批判的な目（メディア・リテラシー）を養い、それらに惑わされない新しい人間関係を作っていく力を育んでいかなくては、愛という名のもとの性的な暴力や支配は増大するばかりである。にもかかわらず、私たちの性に対する強い思いこみや誤解が、こうした状況の打開を拒んでいる。以下では、〈からだ〉をキーワードにしながら、愛と支配についてもう少しくわしく考えてみたい。

まず第一に取り上げたいのは、身体と行為と欲望は一体化しているという思いこみが、強固に存在していることである。本書で繰り返し述べてきたように、どんな身体を持っているかということと、どんな行為をするかということとは、相関関係はあっても、決して同じではできない。さらに、どんな性的欲望をもっているかということとは、別の問題である。ところが、「男性の性欲」とか「母性本能」などという言い回しが繰り返しされるうちに、それら三者がすべて同じものであるかのような錯覚に陥ってしまう。

その結果として、私たちは人を人としてではなく、あるカテゴリーに属するものとして扱ってしまうことである。そこでは、私たちの〈からだ〉という存在は抹消され、カテゴリーの名前だけが一人歩きするようになる。

他者理解といっても、それはその人自身を理解することではなく、その人が属するカテゴリーについての表層的な知識を得ることで満足してしまう。奇妙なほどに、私たち一人一人の根幹であるはずの〈からだ〉が疎外されているのだ。

二〇〇四年の冬、アメリカのサンフランシスコを拠点にしながら活躍する写真家、ローリー・トビー・エディソンさんと横浜と京都でお会いする機会があった［http://www.laurietobyedison.com/］。ローリーさんが最初に衆目を集めたのは、『大柄の女たち Women En Large』という写真集だ。日本人の感覚では肥満と形容する以上に大きな女性たちが、全裸でくつろいでいたり、リラックスしてポーズをとっている。自分の〈からだ〉を誇示するわけでもなく、恥じらうわけでもない。［参考：北原2000］

これらの写真を見ていると、ネガティブなイメージを持ちがちな〝余分な脂肪〟にも、モデル一人一人の個性が刻まれているのがわかる。〈からだ〉がもっている歴史や思いが映し出されていると言ってもいいかもしれない。私たちは、ふだん自分や他人の裸が、一人一人の生の証しであることを意識することは少ない。しかし、そうした視点から見つめ直すと、私たちと〈からだ〉との関係は変わってくる気がする。

ローリーさんの次作は、男性ヌード写真集『見慣れた男たち』（Familiar Men）だ。写真に映し出されたどこにでもいそうな男たちは、やわらかで、あたたかで、しばしば子どもっぽくもある。もちろん、〈からだ〉の形や質感は人それぞれ、表情もまちまちだ。筋骨隆々な人から、しなやかな曲線美をもつ青年まで。皺がたくさん刻み込まれたおじいさんもいれば、ツルッとした若肌もある。にもかかわらず、写真集のタイトルとは裏腹に、どれも男性の表情としては見慣れないものばかりだ。

「男の人はこれまで公的なものとして表現され続けてきた。しかし、男性のセクシュアリティは、実はもっとドメスティック（家庭的）なところにあるのでないか、という思いから男性の日常的な場でのヌードを撮り始めた」とローリーさんは話していた。「それは男性のセクシュアリティを定義しなおすという、予想をはるかに超える大変な作業だった」とも語っていた。

私たちは日々いろいろなものを目にするが、無意識のうちに目に入る視覚情報を選別しながら、記憶している。見慣れているはずのものも、見過ごされることがよくある。メディアに映し出された人のイメージに見慣れてくると、現実に存在する多様な人の〈からだ〉の違いに目がいかなくなる。一人一人の異なった〈からだ〉を見つめる直すことで、それぞれの生の豊かさが感じられるようになる。単純なことだが、そうした生活習慣を見直すことで、人間どうしの関係性は変化してくるのではないだろうか。［参考：小林2005］

高橋フミコのエッセイ集『ぽっかり胸のあいた胸で考えた』

第二に取り上げたいのは、私たちはメディアなど他人の欲望によって作られたレンズを通して〈からだ〉を見ることに慣れきっているため、自分の〈からだ〉をそうした基準に合わせなければ愛せない、あるいは、他人の〈からだ〉がそうした基準からはずれていると愛せないという状況が、日常のさまざまな場面で生じていることである。私たちは、ふだん自分の〈からだ〉は、他ならぬ自分のものだと思っている。そして「～でありたい」という欲望は、当然、自分の本心から発していると信じている。しかし、現実には、こうした欲望は、自分のものであると同時に、他者との関わりとの間に生じている。

パフォーマンス・アーティストの高橋フミコさんが、『ぽっかり穴のあいた胸で考えた：わたしの乳がん体験記』という本を出版した［高橋2006］。この本には、従来の闘病記でありがちな「病気と闘う不屈な戦士」や「哀れみと同情を乞う悲劇のヒロイン」が登場する代わりに、乳がんに苦しみながらも、それを自分のユニークなアイデンティティとして取り込み、うまくつき合っていこうという、アーティストらしいクリエイティブな生き方が描かれている

表紙の裏には、「四〇代、独身、パフォーマンス・アーティスト。〝オンナらしさ〟とは無縁、ピンクリボンキャンペーンにはなじめず、乳がんで解放感を味わうわたしって、どうよ？『ちょっと女からはずれてる』キャラの著者による、トランスジェンダー的がん闘病エッセイ」と紹介されている。

ときえ

この本で何度かあらわれるテーマの一つに、乳房切除手術と女性性の喪失がある。高橋さん曰く「乳がん治療でまず直面する試練とは、乳房切除手術である。（中略）乳房切除手術の試練とは、手術そのものが体に与える負荷、または手術後の機能的な不便さや体調の変化などに留まらない。それよりもむしろ体に刻まれた手術痕が、失われたおっぱいが、新たな精神的苦痛を生み出して、心の負荷となることのほうが大きいようだ。」（二〇七頁）

乳がんで乳房切除手術を受けた人たちの中には、乳房を失ったことにより、自分が女性失格という烙印を押されたように感じる人が多いのだという。「自分はもう性的な生き物ではありえない！」、そう悲嘆にくれ、絶望的な思いの中で日々暮らしている人たちも少なくないそうだ。週刊誌『女性セブン』（二〇〇六年七月六日号）には、「七四才の乳房再建――取り戻したのはおっぱいだけじゃなかった」という記事が掲載されていた。乳房を再建することで幸せになれるのなら、そんなすばらしいことはない。しかし、乳房がなければ「女」ではないと言わんばかりの論調には大きな抵抗を覚えた。【参考：アメリカがん協会2002】

たとえ乳がんという病気にかかり、〈からだ〉に障害が生じたとしても、「女性はこういう乳房をしていなくてはならない」という強制力から自由になれるのであれば、その人にとって性的に満たされた状態を作り出すことは可能だろう。もちろん、そう思い切れるまでには時間がかかるかもしれない。しかし、乳房再建をするしないに関わらず、自分の乳房を失ったことで「性的な人間ではなくなった」という思いを背負いながら生きることはない。乳房が女性美の象徴であるという固定観念に縛られる必要もないだろう。【参考：細谷2004：細谷2008】

高橋さん曰く、「乳がんのために乳房を失って〝美〟の基準から転げ落ちてしまったとしても、それは失った乳房のせいなのではなく、もともとそのステージがあまりにも狭いところだったからとわたしは言いたい。そのステージにもう一度よじ登ろうとするのか、新しい美を創造するのか、それとも女性美の必要性そのものに異を唱えていくのか、あるいはオブジェであることを辞め自由な身体を取り戻すのか」（二一一頁）。

形成外科技術や生殖・再生医療の発展それ自体は喜ばしいことだが、ある一定の身体を有しなければ、その対象を（自分自身であれ、他人であれ）愛することができないという状況へと、私たちが追いやられている気がしてならない。欲望までもが市場経済によってコントロールされ、私たちの「ゾーエー」（ただ単に生きる）という意味での〈からだ〉が、ますます疎外されている。

砂山典子のダンスパフォーマンス「ファーストクラス・バーバリアン」

第三に取り上げたいのは、性をめぐる愛と支配の誤認に関することである。愛と支配は対極にあるものと思われがちだが、実際には、愛は支配の一形態である［信田2008b］。これをもっともわかりやすい形で提示するのがSMであり、オブラートの形で表現するものの一つが芸術である。例えば、第2章で触れたオペラ《トゥーランドット》の幕切れでは、壮大な「愛」を讃える大合唱の中、一国の姫が、そして、その国そのものが、他国の王子に捧げられる。

セックスは、意識しようとしまいと、そもそも他者の〈からだ〉に対する権力の行使である。働きかけるものが存在し、それを受けるものが存在し、必然的に支配／被支配関係が成立する。「愛のあるセックス」といいつつ、いつも一方が片方に働きかけているのでは、支配／被支配関係を堅固にするばかりだ。それを回避したいなら、力関係を適宜ずらしながらおこなうしかない。

性的欲望も同様である。それは、そもそも他者を自分に同化させる企ての一つである。自分の欲しいものが手に入らない時には、性的な妄想となって膨らみ、強烈な愛欲＝支配欲へと変化することがある［信田2008a］。それが個人のレベルで肥大化していけば、レイプ、そして殺人となり、集団で行使されると、集団レイプ、そして集団殺戮（ホロコースト）となる［宮地2008］。芽生えた欲望は、それが何らかの形で別の表現へと昇華されない限り、ひたすら肥大化し続ける。さらなる禁止は肥大化をむしろ助長させるのみであり、それを防ぐためには、欲望を昇華させる以外に方法はないだろう。

二〇〇七年八月の蒸し暑い夏の夜、砂山典子さんのダンス・パフォーマンス「ファーストクラス・バーバリアン」を見た。砂山さんは、ダンサーであると同時に、ＨＩＶの啓発活動にも積極的な関西の美術家集団「ダムタイプ」のメンバーでもある。

舞台の照明が明るくなると、東南アジア風のドレスに、豚の仮面をかぶったパフォーマー（＝砂山さん）が登場し、「考える人」のようなポーズを取りながら、ひたすら歩きまわる。グローバリゼーションが加速する中での第三世界の苦悩を表しているかのようである。

しばらく後のシーンでは、トレンチ・コート姿で機関銃を持って現れるが、その銃筒はなんとファルス（ペニスの象徴）！ 戦争での暴力と男性性（生物学的な男というよりも、男の象徴とされてきたジェンダーとしての男性性）がオーバーラップされる。しかも、パフォーマーは、この銃筒＝ファルスにコンドームをかぶせ、それを舐め回す。HIVをこれ以上広めないという、セーファー・セックスへの強いこだわりが感じられる。

また、赤ちゃんのようにおむつをしたアシスタント役の大柄の男性が現れると、比較的小柄なパフォーマーは女王様役となりSMプレイが始まる。ところが、途中で役割が逆転すると、突然、暴力シーンの様相を呈し始める。基本的な動きは変わらないのに、役割が入れ替わっただけで、これほど意味合いが変わるのかと、ハッとさせられる。ジェンダーによる力の不均衡が歴然と現れ出る瞬間である。

クライマックスになると、パフォーマーは、衣装を全て脱ぎ捨て真正面を向き微動だにせず、「私たちは戦ってはならない……」と初めて言葉を発する。しかし最後は、軽妙な音楽と愛をふりまくようなコミカルなダンスで幕を閉じる。厳しい現実に目をつむらず行動しながらも、明るく楽しく生きていこう！ そう呼びかけられているように、私は感じた。

まさに全身全霊をこめた肉体の饗宴であり、身体表現の極致だった。パフォーマンスが終わっても、私は茫然自失でしばらく動けなかった。砂山さんのダンス・パフォーマンスを振り返りながら、肉体としての〈からだ〉が、グローバル経済、戦争、HIV／エイズ、ジェンダー、暴力、愛と地続きであることを改めて痛感した。言いかえるなら、私たちの〈からだ〉は、つねに愛と支配の微妙なバランスの上に存在しているのである。［参考：北原1999；宮地2007；竹村2008］

松浦理英子の小説『犬身』

最後に取り上げたいのは、近年のさまざまなテクノロジーの発展とともに、〈からだ〉そのものが「男として性的」あるいは「女として性的」であることが求められるようになり、その結果、他者との関係を交渉・調整するためには、服装や態度など「生き方」ではなく、〈からだ〉を変容させなくてはならない状況が生じていることである。性同一性障害や摂食障害などは、その典型例なのかもしれない。

松浦理英子の小説『犬身』【松浦2007】では、自分は本来、犬だと確信している「種同一性障害」の房江《ふさえ》が、メフィストフェレス（ゲーテの『ファウスト』に出てくる悪魔）ならぬ、狼人間の朱尾《あけお》の手によって犬に変身する。房江改めフサは、望み叶って梓《あずさ》の飼い犬になり、梓の寵愛を一身に受けるようになる。ただし、変身には一つの条件があった。それは、梓に性的欲求を覚えたら、犬としての寿命が絶たれるというのだ。

時が経ち子犬から成犬になったある日、フサは朱尾から、梓に性的な欲求をもつようになったのではないかと警告を受ける。フサはそんなはずはないと反論するが、改めて思いをめぐらしているうちに、次のような考えに至る。

> 朱尾が言うようにわたしの梓への慕情には性的な欲求が含まれていて、梓との触れ合いには性的な快感が混じっているのかも知れないけれど、もしかすると親子の間のものであれ友達同士の間のものであれ人間と愛玩動物のものであれ、すべてのからだの触れ合いの中にはあらかじめ性的な快楽の萌芽があるのかも知れない。逆に、すべての性的欲求は親子の触れ合いの快楽に代表されるような原初的な快楽を基盤として発達したものともいえるだろうか。（四三三頁）

こうしたフサの思いは、梓と梓自身の兄との間の（愛と支配が一体となった）近親姦関係と対比されながら、くっきりと浮かび上がってくる。さらにフサのこの悟りは、人間だった頃にもっとも近い存在だった久喜《くき》の回想とも、うまく呼応する。久喜は朱尾との会話の中で、房江との関係は恋愛感情というよりも、親密な関係だったと言う。

いちばん恋人同士に近い仲だった時期だって、どこか［恋愛関係とは］違ってたんだよな。男と女だから当然こういうことをするだろうと思うこと［＝セックス］をやってただけで。あれはあれで悪くなかったけれど（二九五頁）

フサは犬になることで、人間であるうちは得られなかった他者との親密な関係を手に入れることができた。それは、犬に変身したからに他ならないが、見方を変えれば、犬になることで、大人の女性としての生き方、また、他者の大人の女性に対する扱われ方から解放されたといえるのではないだろうか。

私たちは、普段自分が何をしたいかよりも、「男だから」、「女だから」、あるいは「男と女だから」、「愛があるはずだから」ということに縛られて行動することがあまりにも多いのかもしれない。実は欲しているのは、触れ合いによる快楽＝親密性なのに、それがメディアをはじめとする社会的な「発情装置」（前述）によって、私たちは他人だけでなく、自分の〈からだ〉までを性的なモノへと変化させてしまっている。

その結果のセックスは、ほとんど無意識なままに繰り返される儀式であり、男女の役割の差をなお一層明確にし、その違いをそれぞれの「性的なからだ」へと再刻印していく儀礼になっているのかもしれない。それは、男が女を支配するという単純なことではなく、男か女かという「性的なからだ」へと収斂していくことであり、両者がもっと巨大なものの支配下に配置されていくプロセスともいえるのではないだろうか。

トランスジェンダー現象からトランスジェンダー研究へ

以上、〈からだ〉をキーワードにしながら、性と暴力／支配をめぐる今日的な問題を四つの観点から見てきた。これらに共通しているのは、「ゾーエー」としての生（単に生きること）が公的空間だけでなく私的空間においても許容されなくなってしまった現在、私たちの自己と他者を斬り結ぶ（negotiate）接点は、もはや「生き方」といった手段ではなく、私たちの主体を形成する〈からだ〉そのものへと移行してきたという点である。

この問題に深く切り込んでいくのに、有効な視座を与えてくれるものの一つが、近年のトランスジェンダー研究だろう。トランスジェンダー研究（当初は「トランスセクシュアル研究」と呼ばれていた）は、二〇世紀に入ってから、精神的病理の探求と形成外科技術の可能性として医療分野が先導してきた。しかし、それが性別二元論という社会通念に対する問題提起になったため、また、人間は生まれた時にあてがわれた性別を越えて生きることができるという可能性を示したことから、二〇世紀後半になってフェミニストからも大きな注目を浴びるようになった（マネーの『性の署名』［マネー1979］など）。しかしその一方で、性を越えるといっても、曖昧な状態から、どちらかの性別に落ち着くのであれば、それはむしろ性別二元体制を強固にするものに過ぎないとの批判もおこなわれた［Garber 1997］。

ところが、英語圏では一九九〇年代以降、トランスセクシュアルからトランスジェンダーへの言葉の変更とも連動しながら、それまで外部の視点から描かれていたものが、内部の視点から記述されるようになった［カリフィア2005：ボーンスタイン2007］。ジェンダー化に揺れる主体のあり方とアイデンティティ・身体・欲望の関係性を内側から暴いていくことで、ジェンダー化のプロセスを明瞭に示そうという企てである。言いかえるなら、トランスをしても生来の「男」や「女」になれるわけではない、そうだとしたら、何になるのか？ また翻って考えてみれば、そもそもこれまで自明視されてきた「男」とか「女」という主体はいったい何なのだろうか、と問い直すことである［Hale 1996：Koyama 2006］。

例えば、ＦＴＭ（Female-to-Male）トランスジェンダーの哲学者ジェイコブ・ヘイルは、ＦＴＭであり且つフェミニストである者が、従来の男性中心主義によらない「男性性」を再創造することの可能性について詳しく論じている[Hale 1998]。こうしたトランスジェンダー研究のあり方の重要性を訴え、衆目を集めたのが二〇〇七年に出版された『トランスジェンダー・スタディーズ・リーダー』だった[Striker & Whittle 2006]。

この序文で、スーザン・ストライカーは、トランスジェンダーに関する研究には、「トランスジェンダー現象の研究」と「トランスジェンダー研究」の二種類があると述べている。前者が、従来の性に関する規範の中に存在する語彙と理論を用いてトランスジェンダーを描くのに対し、後者は、トランスジェンダーという主体が現出する過程や体験を考察対象とする[Stryker 2006: 12]。

後者のトランスジェンダー研究は、私たちの〈からだ〉に対する知について再考する格好の題材を提供する。例えば、肉体（soma）とテクノロジー（techne）が、実際にはいかに複雑に浸透し合っているか。あるいは、自己実現と他者の願望が、実際にはいかに不可分であるか。さらには、アイデンティティの確立と他者との関係性の調整が、実際にはいかに隣り合わせのものであるか。そして、何よりも重要だと私が考えるのは、現代において、ゾーエーのための〈からだ〉を確保することと、ビオスとしての〈からだ〉に浸食されないことが、いかに微妙なバランスの上に成り立っているか、ということである。

わかりやすく言うならば、〝自分らしく〟生きるために、テクノロジーの力を借りて〈からだ〉を変えることは（経済的余裕さえあれば）可能である。しかし、自己実現のための身体改造は、内面化された他者による欲望の支配かもしれない。その一方で、他者との関係性の斬り結びが「生き方」のレベルでは解決不能になりつつある現在、「身体そのもの」を変化させることが不可避な側面もある。こうした状況の中で、どこに落としどころを見出すかは、非常に難しい問題である。

そこで重要になってくるのが、私たちの〈からだ〉についての考え方を根本的に問い直すことである。これまで多くのトランスジェンダーによって体験されてきた歴史を、どのような作用が絡み合いながら生じてきたかを内側からあぶり出すことで、また、現在まさに体験されつつある事象を、従来の規範に回収されない語彙を用いて言語化し、新しい理論を構築することによって、そうした私たちと〈からだ〉の新しい関係に関する「知」を作り出すことは可能なのではないだろうか。[参考：Roughgarden 2004：Valentine 2007]

性身体関係論としてのクィア・セクソロジー

インターネットで「性」に関する言葉を入れて検索すると、怪しげな情報がたくさんひっかかってくる。恋愛心理学や性欲心理学といった通俗心理学の人気は衰えるばかりか、ますます活況を呈しているようだ。最近の遺伝子学や脳神経医学も、わかりやすいところだけが、つまみ食い的に似非科学として広まっている感が否めない。専門家の間でも、性の領域では、ダーウィンの進化論を基礎とした社会生物学や進化心理学、フロイトの流れをくむ精神分析学、生理解剖学といった一九〜二〇世紀前半に脚光を浴びた学問の教えが、それらの叡智とともに誤認された部分まで、今日においても脈々と受け継がれている。

たしかに性を学問や教育の場で語ることは難しい。性的なことを公の場所で語ること自体がタブー視されているため、自分の存在をいったん消し去り過度に抽象化された議論をするか、逆に開きなおって、自分の立場を明確にして主義主張を述べるかの、どちらかになりがちである。しかし重要なのは、二者択一ではなく、個々の場面に応じて、両者の強みを生かしていくことだろう。最終ゴールは、私たちの性が豊かになることで、自分たちの権益を死守することではないはずだ。

性は、私たち一人一人の人間の〈からだ〉が経験・表現することの総体である。専門化された高度な研究は重要だが、性を包括的に見る視点がなければ、私たちの性の有り様を解明することはできない。まして、現実の性を語らないでいることは、「本能」を実体化する似非科学によって、「病気」や「障害」を正当化する経済優先の保健医療によって、また「犯罪」として裁く国家主義的な立法や法解釈によって、生成された性的規範が〝自然なもの〟として身体化されていくことを追認するのに他ならない。

人間の〈からだ〉は、経済価値によって測られるようになり、経済価値を容易に生み出すものが〝美〟として賞賛される。権力や富を有するものの性＝生を維持するために、社会的弱者の性＝生は消費され、無化される。そして、無化された者の叫びは、残虐な行為へと駆り立てられていく。

これらの問題はすべて、セクシュアリティに関する規範そのものが、機能不全を起こしていることの現れに他ならない。「性犯罪」としてマスコミを賑わすものは、ほんの氷山の一角にしか過ぎず、私たちが今抱えている性の諸問題はより根深いところにある。禁止という付け焼き刃の対処では、問題が地下に潜るだけで解決にはつながらない。〈からだ〉と愛＝支配についての当事者を交えた広範な論議、そして、そこから現実的実践へと結びつけるための研究が、今、求められている。

私がセクソロジーを通じて学んだ内容に今日的意味がないかと言われれば、決してそうではないと思う。そこには、性に関する貴重な知と実践的なノウハウの蓄積がある。それを学ぶ光栄に与った者として、何らかの形で社会への還元に努めるのは、私が生きていく上での責務だと感じている。近年、私が強く関心をもつのは、身体に関するセクソロジーの知を、ジェンダー研究やクィア理論と結びつけていくことであり、人間の新しい性（＝生）的関係を築いていくには何が重要かを探ることである。

〈からだ〉と愛＝支配の関係に目を向けた〝性身体関係論としてのクィア・セクソロジー〟は、今後ますます需要が増してくるのではないだろうか。

あとがき

　本書を通じてこれまで見てきたのは、性に対する思いこみによって、私たち自身が生きづらくなっている現実、それと同時に、そうした思いこみによって、今日引き起こされるさまざまな問題に対する解決の糸口を見つけあぐねている現状である。もう少し硬い言葉を使うなら、いかに従来の規範的なジェンダーや、ジェンダーによって規範化されたセクシュアリティが、まさに規範となって私たちの身体を規定しているかということだ。

　この悪循環を断ち切るためには、恋愛至上主義、ＰＶセックスへの妄信、強制異性愛主義など、「性の常識」を疑ってみるクィアな視点が重要である。性に対する嫌悪感を捨て、一人一人の〈からだ〉の大切さを見直すことから、新しい豊かな性的関係づくりを始めていかなくてはならない。そして、何よりも、性についての〝新しい語り〟を生み出していくことが大切である。

　新しく創造的なことは、異種のものが混交したところから生まれてくる。文化を純粋培養していても、滅びていくだけだ。異なるものが軋轢を生みながらも共存していく中から、新しい文化は生まれ、協調と競合を繰り返す中で、より強く育っていく。人間のからだも、脳による一元的な統括システムではなく、もっとミクロなレベルでの「動的な平衡状態」によって維持されている［福岡2007］。

　そうだとしたら、まずは、性に関する思いこみから逃れ、さまざまな性＝生のあり方を肯定し、社会の中での「動的な平衡状態」を維持するために、人々がゆるやかにつながっていける方法を見つけ出していくことが、私たちが個人にとっても、また集団にとっても、さらに言えば、生命体すべてが、サバイバルしていくための唯一の道だろう。そのための現実的な制度づくり、そして個人レベルでの具体的な実践が求められている。

とはいっても、革命的なことをする必要はない。ふだんやっていることを、少しずらしてみるだけでいい。「ずらし」のクィア戦略だ。浜野さんは、ピンク映画というジャンルで、劇場収入を得ながらも、長年に渡って新しいセックスのあり方を提示し続けてくれた。また、わたりさんは、セックスワークという一見、支配／被支配が決定づけられているような環境の中で、さまざまな工夫を凝らしながら、自分のより納得のいく性的関係づくりをしている。これらの行為を通じて「セックス」の意味は、内側から変容されている。

あるいは、普段はあまり話題にされないことや見過ごされがちなところに目を向け、それを表現していくこともクィア的戦術といえるだろう。ローリーさんは、肥満の女性やごく平凡な男性の裸に新たな魅力を見出し、写真を通して私たちに伝えてくれた。また、砂山さんは、ダンス・パフォーマンスを通じて、セックスと暴力や支配の関係を暴いてくれた。「セクシュアリティ」への理解が深まり、より豊かな関係性を築く可能性が示されている。

さらには、規範にとらわれずに、自分のからだのもつ美しさを肯定する。高橋さんは、一般に言われている「女性美」の狭いステージに立ち続けることに汲々とせず、自分なりのからだとの関係づくりを模索する。まさにクィア精神の真骨頂であり、ジェンダー・クリエィティブの実践と言いかえてもいいだろう。

レズビアン、ゲイ、バイセクシュアル、トランスジェンダー、SM愛好者、セックスワーカーなどなど、クィアな人たちの多くは、ジェンダー化にとらわれないジェンダー・クリエィティブでクィアな実践をしている。アーティストの中にもそういう実践に積極的な人たちは多い。しかし、実は、誰もがそれぞれにユニークなことを無意識なうちに日常的におこなっている。それは、ただ単に見えないところにあるだけ、言葉にされていないだけだ。

クィアな人も、クィアと呼ばれていない人も、性の思いこみを解きほぐし、性について語りはじめることで、誰もがそれほど違いのないことに気づくはずだ。「私のからだは誰のもの?」――そう問い直すことで、人と人はつながれるのではないだろうか。まずは、そこから始めていこう。

クィアの視点から、性を包括的に捉え直すセクソロジーという方法は、こうした歩みを前に進める一つの有効な手段になるのではないだろうか。近年疎外されつつある生身の〈からだ〉に対する新たな感覚を呼び覚まし、人とつながっていくための新しい関係づくりの可能性を少しでも示唆することができれば、という思いから本書を執筆してきた。『クィア・セクソロジー』が、性についての意識を見つめ直し、性の研究や教育に対する重要性を再認識する契機になればと、切に願って止まない。

*

アメリカで学んだセクソロジーの知識やノウハウを日本で応用するというのは、想像以上に困難な作業だった。帰国後、仕事が見つからず途方に暮れていた時に、古巣の東京芸術大学で非常勤の仕事をさせていただくことができたのは、本当に有り難いことだった。私のような異端児を寛容に受け入れてくださった諸先生や同僚に、まずは慎み深く感謝の意をお伝えしたいと思う。

暗中模索の中、池上千寿子さんの講演をお聞きしたのがきっかけで、ぷれいす東京とつながりを持てたのは、何にもまして幸運なことだった。その後も、池上さんを筆頭に、生島嗣さん、東優子さん（現・大阪府立大学）などなど、ぷれいす東京関係の方々には大変お世話になった。心よりお礼を申し上げげたい。

本書の下敷きとなった日本性教育協会（JASE）の月報連載も、ぷれいす東京を通じての縁だった。JASEで編集を担当している百瀬民江さんから「月報で連載をしませんか?」とお誘いいただいてから早いもので三年半が経つ。百瀬さんにうまくおだてられながら書き続けているうちに「美亜のそれゆけセクソロジー！」は四〇回を超えた。百瀬さんに目をかけていただかなければ、本書が生まれることはなかっただろう。

さらに、ぷれいす東京つながりといえば、エイズ学会で岩室紳也先生とお話したのが縁で、医学書院の月刊誌『公衆衛生』で「楽しく性を語ろう――性の健康学」を一年間連載させていただくことができた。この連載は、私の「性の健康学」という講義を実況中継風につづったエッセイだったが、その「性の健康学」が開設科目として存在しているのは、細谷実さんのご尽力の賜物である。また、私の先達としてこの講座の基礎を築いてくれた砂川秀樹さん、かじよしみさんにはいつも勇気づけられている。

それから、ぷれいす東京とともに、日本での最初期の活動を支援してくれたのが、ラブピースクラブの北原みのりさんだった。ラブピースクラブの活動を通じて、実に多くの方々と知り合いになることができた。本書に登場していただいた浜野さんも、高橋さんもラブピースクラブでの出会いが最初だった。上野千鶴子さんと最初にお会いしたのも、ラブピースクラブ関連のイベントだったと思う。その後も折にふれて、研究会等での私の無防備な発言に対して、愛の鞭を入れていただいている。

学術的な面では、お茶の水女子大学21世紀COEプログラム「ジェンダー研究のフロンティア」の一連の研究会やイベントでも多くのことを学ばせていただいた。日本国内はもとより、国外の研究者とも交流する貴重な機会をたくさんもつことができた。特に竹村和子さんには、いつも細かなところまでご配慮いただき、感謝の念に堪えない。

そのお茶大COEのイベントの一つに日韓交流のシンポジウムがあった。研修とシンポジウムが一体となった濃密で刺激的な四日間だったが、ここに一つ特記しておきたいことがある。それは、ある晩の懇親会後、レストランから駅までの数十分間、若桑みどりさんと二人で話しながら歩いたことである。

若桑さんとは、それまでにも何度かお会いしたことはあったが、二人でじっくりお話したのは始めてだった。大学の先輩後輩にあたるということもあり、私的な体験までオープンに語ってくださったのが非常に印象的だった。「若い人たちにがんばっていただかなくては」と何度も激励されたのを鮮明に覚えている。

そんなこともあって、数週間後、本書の出版元が決まったことをお知らせすると、「インパクト、よかったと思います。あそこは先鋭な出版社ですから……わたくしもほっとしました」とわざわざメールを送ってくださった。若桑さんの訃報を聞いたのは、そのほんの数日後だった。若桑さんの偉大な業績に比べれば、本書はあまりにも小さく拙いものだが、ともかく一つの形に仕上げることができたことを、お礼をこめてご報告したい。

本書完成までには、連載を単に並べ替える以上の多大な労力がかかった。何度も構成を検討し直し、最終的には全面改訂、おまけに書き下ろしが半分以上をしめることになった。初期稿を読んで、そうした作業の必然性を示唆してくださった沢部ひとみさん、平井真希子さん、石川聡さんに改めてお礼を申し上げたい。

また、インタビューを快く引き受けてくださった浜野佐知さん、わたりさんには心より感謝している。この二人のおかげで、本書は奥行きのある魅力的なものになったと思う。それから、本書の多くの記述は、私の奇想天外なワークショップや大学の講義に拠っている。屈託のない批判や応援をしてくれた受講生のみなさんにもお礼を言いたい。

最後に、この時間のかかる作業に忍耐強くつき合い、ポイント、ポイントで妙案を示してくださったインパクト出版会の須藤久美子さん、何度も相談にのってくれた高橋フミコさん、本文にもっとも多くのダメ出しをしてくれた上、表紙作品の提供とイラストを担当してくださった渭東《いとう》節江《ときえ》さんに心から感謝の意を表したい。

＊

最近、知人の鍼灸師のところへ通いはじめた。首や肩の凝り、腰痛は、年々ひどくなっていく。多めに歩いたり、寝る前にストレッチをしたり、休日にはDVDを見ながらヨガをしたり、と少し努力はしているが、どうにもならない。マッサージもいろいろ試したが効果が長続きしないので、鍼に挑戦することにした。

ところが面白いもので、私は「首や肩の張りがどうしようもないんです」と言っているのに、その鍼灸師は腰や足にばかり鍼をうつ。曰く、「骨盤のまわりの弾力性がでてきて、腰が柔軟にならないと、いくら首や肩に鍼を打っても効果がないんです。」

治療が終わると、私に「腰が固くなってますね。長時間、同じ姿勢で集中しているとからだに負担がかかります。少しからだをゆらしながら、不安定の状態でバランスをとりながら、作業をするのがいいですよ」と言いながら、健康サンダルのような突起物のついた座布団型バルーンを見せてくれた。その上にすわっていると、バランスを保つため適度に腰を動かすようになり、結果的に腰が強くなるのだそうだ。

早速購入して使い始めたが、なかなか調子がいい。『クィア・セクソロジー』も、この〝バランス・バルーン〟のように利用していただくことができれば幸いである。

四〇回めの誕生記念日に、これまで生きてきたことに感謝しつつ

二〇〇八年八月

中村 美亜

文献リスト

※本文中で言及されたもののみ。外国語文献で邦訳のあるものは，日本語版のみを記している。
URLの最終確認は，2008年8月17日。

あ

青山薫 2007『「セックスワーカー」とは誰か：移住・性労働・人身取引の構造と経験』，大月書店

アガンベン，ジョルジョ 2003『ホモ・サケル：主権権力と剥き出しの生』，高桑和巳訳，以文社

阿部輝夫 2004『セックスレスの精神医学』（ちくま新書489），筑摩書房

アメリカがん協会編 2002『がん患者の〈幸せな性〉：あなたとパートナーのために』高橋都，針間克己訳，春秋社（新装版 2007）

い

生島嗣 2004「Living Togetherという戦略：リアリティをどう共有するのか」，『日本エイズ学会誌（The Journal of AIDS Research）』 第6巻第3号：20-22

伊野真一 2005「脱アイデンティティの政治」，［上野2005：43-76］

う

ヴィンセント，キース，風間孝，河口和也 1997『ゲイ・スタディーズ』，青土社

上野千鶴子 1998『発情装置：エロスのシナリオ』，筑摩書房

———— 編 2001『構築主義とは何か』，勁草書房

———— 編 2005『脱アイデンティティ』，勁草書房

———— 他 2006『バックラッシュ！：なぜジェンダーフリーは叩かれたのか？』，双風舎

浦河べてるの家 2002『べてるの家の「非」援助論：そのままでいいと思えるための25章』（シリーズケアをひらく），医学書院

———— 2005『べてるの家の「当事者研究」』（シリーズケアをひらく），医学書院

え

江原由美子，山崎敬一編 2006『ジェンダーと社会理論』，有斐閣

お

荻野美穂 2002『ジェンダー化される身体』，勁草書房

か
鍛治良実 2001「ニューヨーク大学の性教育指導者養成プログラム」,『助産婦雑誌』第55巻第8号：22-26
金井淑子編 2004『応用倫理学講義５：性／愛』,岩波書店
――― 2008『身体とアイデンティティ・トラブル：ジェンダー／セックスの二元論を超えて』,明石書店
加藤秀一 2006『知らないと恥ずかしいジェンダー入門』,朝日新聞社
――― 2007「性教育弾圧者が真に恐れているものは何か：最高の,それゆえ最も危険な政治とは」,『論座』3月号：208-215
カリフィア,パトリック 2005『セックス・チェンジズ：トランスジェンダーの政治学』石倉由他訳,作品社
河口和也 2003『クイア・スタディーズ』(思考のフロンティア),岩波書店

き
北原恵 1999『アート・アクティヴィズム』,インパクト出版会
――― 2000『撹乱分子@境界』(アート・アクティヴィズムII),インパクト出版会

く
クック,ニコラス 1992『音楽・想像・文化』足立美比古訳,春秋社

こ
小林美香 2005『写真を〈読む〉視点』,青弓社

さ
佐倉智美 2006『性同一性障害の社会学』,現代書館

し
ジジェク,スラヴォイ 1999『幻想の感染』松浦俊輔訳,青土社
下田哲也 2003『漢方の診察室』(平凡社新書194),平凡社

す
砂川秀樹2000「「変動する主体」の想像／創造：「レズビアン＆ゲイ・パレード」とバトラーの再考から」,『現代思想』第28巻第14号：240-246
――― 2004「クィアな思想とポリティクス：〈ずれ〉のある両輪をたずさえて」,［金井2004：233-239］
――― ／Ryoji編 2007『カミングアウト・レターズ：子どもと親,生徒と教師の往復書簡』,太郎次郎社エディタス

スパーゴ，タムシン 2004『フーコーとクイア理論』（ポストモダン・ブックス）吉村育子訳，岩波書店

せ
セジウィック，イヴ・コゾフスキー 1999『クローゼットの認識論：セクシュアリティの20世紀』外岡尚美訳，青土社
——— 2000「クィア理論を通して考える」竹村和子，大橋洋一訳，『現代思想』第28巻第14号：30-42

た
高橋さきの 2003「生命科学とジェンダー」，『環』第12巻，藤原書店 <http://homepage2.nifty.com/delphica/archives/sakino01.html>
——— 2006「身体性とフェミニズム」，［江原2006：138-152］
高橋フミコ 2006『ぽっかり穴のあいた胸で考えた：わたしの乳がん体験記』，バジリコ
高橋都 2005「第17回世界科学会議（World Congress of Sexology）に参加して」，『日本サイコオンコロジー学会ニューズレター』第42巻（8月号）<http://www.jpos-society.org/news/no42/42_29.html>
竹村和子 1997「忘却／取り込みの戦略：バイセクシュアリティ序説」，『現代思想』第25巻第6号（臨時増刊「レズビアン／ゲイ・スタディーズ」）：248-256
——— 2002『愛について：アイデンティティと欲望の政治学』，岩波書店
——— 2008「生と死のポリティクス：暴力と欲望の再配置」，竹村和子編『欲望・暴力のレジーム：揺らぐ表象／格闘する理論』（ジェンダー研究のフロンティア5），238-254，作品社
田崎英明編 1997『売る身体／買う身体：セックスワーク論の射程』，青弓社
田崎英明 2000『ジェンダー／セクシュアリティ』（思考のフロンティア），岩波書店
田中玲 2006『トランスジェンダー・フェミニズム』，インパクト出版会

と
ドレガー，アリス・ドムラット 2004『私たちの仲間：結合双生児と多様な身体の未来』針間克己訳，緑風出版

な
中村美亜 1999 “Searching for the Meta-Narrative of *Das Lied von der Erde* : Narrativity and ‘Melancholic Dialectic’.”『音楽学』第45巻第1号：42-66［著者名：Nakamura, Kiwamuで出版］
——— 2001a「エキゾティック音楽を再定義する：カルチュラル・スタディーズ

としての新しい音楽史をめざして」,『エクスムジカ』第４巻：66-75［著者名：中村究で出版］
——— 2001b「リアリスティックな時間表現への挑戦：ヴェルディのコンチェルト・フィナーレ」,『エクスムジカ』第５巻：61-67
——— 2005a「ジェンダー・クリエイティブのすすめ」, こうち男女共同参画センターのメールマガジン『FROMソーレ』第23巻（２月号）
——— 2005b『心に性別はあるのか？：性同一性障害のよりよい理解とケアのために』, 医療文化社
——— 2005c「日本を表象する響きの引用と更新：昭和期のNHK大河ドラマ主題曲」(発表要旨),『音楽学』第51巻第3号：222-223
——— 2005d "Authenticating the Female *Gidayū*: Gender, Modernization, and Nationalism in Japanese Performing Arts".『音楽学』第51巻第２号：94～110
——— 2006「新しいジェンダー・アイデンティティ理論の構築に向けて：生物・医学とジェンダー学の課題」, 国際基督教大学ジェンダー研究センター（CGS）ジャーナル『ジェンダー＆セクシュアリティ』第２号：3-23
＜http://subsite.icu.ac.jp/cgs/pdf/journal002.pdf＞
——— 2007「性娯楽施設・産業に係る人々へのHIV/AIDS予防介入の可能性：海外の先行事例の検討を通して」, 厚生労働科学研究費補助金エイズ対策研究事業『日本の性娯楽施設・産業に係わる人々への支援・予防対策の開発に関する学際的研究, 平成18年度総括・分担研究報告書』, 48-66
——— 2008a「"アイデンティティの身体化" 研究へ向けて：『感じない男』を出発点に」,［金井2008：249-268］
——— 2008b「トランスポリティクスの可能性：オペラと宝塚における異性装をめぐるジェンダー・身体・認識論的考察」,『立命館言語文化研究』第20巻［予定］
———（共著） 2008c "TransPedagogies: A Roundtable Dialogue." *Women's Studies Quarterly,* 36 (3/4)［予定］
ナティエ, ジェン＝ジャック 1996『音楽記号学』足立美比古訳, 春秋社

に
日本学術会議 2008『性差とは何か：ジェンダー研究と生物学の対話』(学術会議叢書14), 日本学術協力財団
日本性科学会監修 2005『セックス・カウンセリング入門』(改訂第２版), 金原出版
日本DV防止・情報センター編著 2007『デートDVってなに？ Q&A：理解・支援・解決のために』, 解放出版社

ぬ
沼崎一郎 2002『なぜ男は暴力を選ぶのか：ドメスティック・バイオレンス理解の初歩』（かもがわブックレット143），かもがわ出版
——— 2004「愛と暴力：ドメスティック・バイオレンスから問う親密圏の関係倫理」，［金井2004：161-179］
——— 2006『「ジェンダー論」の教え方ガイド：女子大生のための性教育とエンパワーメント』，フェミックス

の
野口裕二 2002『物語としてのケア：ナラティヴ・アプローチの世界へ』（シリーズケアをひらく），医学書院
野坂祐子他 2004「高校生の性暴力被害実態調査」（委託報告書），財団法人女性のためのアジア平和国民基金
信田さよ子 2007『カウンセリングで何ができるか』，大月書店
——— 2008a『加害者は変われるか？：DVと虐待をみつめながら』，筑摩書房
——— 2008b『母が重くてたまらない：墓守娘の嘆き』，春秋社

は
橋本秀雄 2004『男でも女でもない性・完全版：インターセックス（半陰陽）を生きる』，青弓社
バトラー，ジュディス 1997「批判的にクィア」クレア・マリィ訳・解題，『現代思想』第25巻第6号（臨時増刊「レズビアン／ゲイ・スタディーズ」）：159-201
——— 1999『ジェンダー・トラブル：フェミニズムとアイデンティティの攪乱』竹村和子訳，青土社
浜野佐知 2005『女が映画を作るとき』（平凡社新書258），平凡社
ハラウェイ，ダナ 2000『猿と女とサイボーグ：自然の再発明』高橋さきの訳，青土社
ハンスリック，エドゥアルト 1960『音楽美論』渡辺護訳（岩波文庫），岩波書店

ひ
東優子 2004「テレビドラマに描写される性の保健行動メッセージ」，『現代性教育研究月報』第22巻第4号：1-6，財団法人日本性教育協会

ふ
ファウスト＝スターリング，アン 1990『ジェンダーの神話：「性差の科学」の偏見とトリック』池上千寿子，根岸悦子訳，工作舎
福岡伸一 2007『生物と無生物のあいだ』（講談社現代新書1891），講談社

フーコー，ミシェル 1986a『性の歴史Ⅰ：知への意志』渡辺守章訳，新潮社
——— 1986b『性の歴史Ⅱ：快楽の活用』田村俶訳，新潮社
ブーロー，バーン，ボニー・ブーロー 1991『売春の社会史：古代オリエントから現代まで』香川檀他訳，筑摩書房
伏見憲明1997『「性」のミステリー：越境する心とからだ』（講談社現代新書1349），講談社
——— 2007『欲望問題：人は差別をなくすためだけに生きるのではない』，ポット出版

へ
ベルサーニ，レオ 1996「直腸は墓場か？」酒井隆史訳，『批評空間』第2巻第8号：115-143

ほ
ボズウェル，ジョン 1990『キリスト教と同性愛：1～14世紀西欧のゲイ・ピープル』，大越愛子，下田立行訳，国文社
細谷実 2004「「美醜」問題と倫理：美醜は個人的なことか？」［金井2004：180-199］
——— 2008「美醜としての身体：美醜評価のまなざしの中で生きる」［金井2008b：69-94］
ポロック，グリゼルダ，ロジカ・パーカー 1992『女・アート・イデオロギー：フェミニストが読みなおす芸術表現の歴史』萩原弘子訳，新水社
ボーンスタイン，ケイト2007『隠されたジェンダー』筒井真樹子訳，新水社

ま
マッキノン，キャサリン A. 1995『ポルノグラフィ：「平等権」と「表現の自由」の間で』柿木和代訳，明石書店
松沢呉一，スタジオ・ポット編 2000『売る売らないはワタシが決める：売春肯定宣言』，ポット出版
マネー，ジョン，パトリシア・タッカー 1979『性の署名：問い直される男と女の意味』，朝山新一他訳，人文書院
マリノウィッツ，ハリエット 1997「クィア・セオリー：誰のセオリー？」三村千恵子訳・解題，『現代思想』第25巻第6号（臨時増刊「レズビアン／ゲイ・スタディーズ」）：202-218

み
宮地尚子 2005『トラウマの医療人類学』，みすず書房
——— 2007『環状島＝トラウマの地政学』，みすず書房

――――編 2008『性的支配と歴史：植民地主義から民族浄化まで』，大月書店

む
牟田和恵 2001『実践するフェミニズム』，岩波書店
村瀬幸治 2004『セクソロジー・ノート』（最新版），十月舎

も
森岡正博 2005『感じない男』（ちくま新書521），筑摩書房

や
矢島正見編 2006『戦後日本女装・同性愛研究』（中央大学社会科学研究所研究叢書16），中央大学出版部

よ
米沢泉美編 2003『トランスジェンダリズム宣言：性別の自己決定権と多様な性の肯定』，社会批評社

る
ルービン，ゲイル 1997「性を考える」河口和也訳，『現代思想』第25巻第6号（臨時増刊「レズビアン／ゲイ・スタディーズ」）：94-144
――――，ジュディス・バトラー 1997「性の交易」キース・ヴィンセント，河口和也訳，『現代思想』第25巻第13号（特集「女」とは誰か）：290-323
ルベイ，サイモン 2002『クィア・サイエンス：同性愛をめぐる科学言説の変遷』，玉野真路，岡田太郎訳，勁草書房

ろ
ROS編 2007『トランスがわかりません！！：ゆらぎのセクシュアリティ考』，アットワークス

わ
若桑みどり 2003『お姫様とジェンダー：アニメで学ぶ男と女のジェンダー学入門』（ちくま新書415），筑摩書房
――――他編 2006『「ジェンダー」の危機を超える！：徹底討論！バックラッシュ』，青弓社
渡部恒夫2007「自己創造するジェンダー：科学認識論批判」，榎本博明編『セルフ・アイデンティティ：拡散する男性像』（現代のエスプリ別冊）至文堂，66-76

A

Abel, Sam. 1996. *Opera in the flesh: Sexuality in operatic performance*. Boulder, CO: Westview Press.

B

Barbach, Lonnie G. 1976. *For yourself: The fulfillment of female sexuality*. Garden City, NY: Anchor Books.

Bancroft, John. 2002. Biological factors in human sexuality. *The journal of sex research* 39 (1): 15-21.

———. 2005. Kinsey: Lets talk about sex. *Sexual and Relationship Therapy* 20 (4): 479-480.

Brecher, Edward M. 2000. *The sex researchers*, expanded edition. San Francisco: Specific press.

Bullough, Vern L. 1994. *Science in the bedroom: A history of sex research*. New York: Basic Books. < http://www2.hu-berlin.de/sexology/GESUND/ARCHIV/LIBRO.HTM>

C

Caulfield, Mina Davis. 1985. Sexuality in human evolution: What is "natural" in sex? *Feminist Studies* 11 (2): 343-363.

Chapkis, Wendy. 1997. *Live sex acts: Women performing erotic labor*. New York: Routledge.

D

Dreger, Alice, D. 1998. *Hermaphrodites and the medical invention of sex*. Cambridge, MA: Harvard University Press.

———, ed. 1999. *Intersex in the age of ethics*. Hagerstown, MD: University Publishing Group.

E

Edwards, Weston M. and Eli Coleman. 2004. Defining sexual health: A descriptive overview. *Archives of sexual behavior* 33 (3): 189-195.

F

Fausto-Sterling, Anne. 1993. The five sexes: Why male and female are not enough. *The sciences* (March/April): 20-24.

———. 2000. *Sexing the body: Gender politics and the construction of sexuality*. New

York: Basic Books.

Fisher, William A. 1998. The sexual opinion survey. In *Handbook of sexuality-related measures*, ed. Clive M. Davis et al., 218-223. Thousand Oaks, London and New Delhi: Sage Publications.

G

Garber, Marjorie. 1997. *Vested interests: Cross-dressing and cultural anxiety*. New York: Routledge. (Originally published in 1992.)

———. 2000. *Bisexuality and the eroticism of everyday life*. New York: Routledge. (Originally published as *Vice versa* in 1995.)

H

Haeberle, Erwin J.. 1978. *The sex atlas: A new illustrated guide*. New York: Seabury Press. < http://www2.hu-berlin.de/sexology/ATLAS_EN/index.html>

———. 1994. A brief history of sexology. <http://www2.hu-berlin.de/sexology/GESUND/ARCHIV/HISTORY.HTM>

Hale, Jacob. 1996. Are lesbians women? *Hypatia: A journal of feminist philosophy* 11 (2): 94-121.

———. 1998. Trancing a ghostly memory in my throat: Reflections on ftm feminist voice and agency. In *Men doing feminism*, ed. Tom Digby, 99-129. New York and London: Routledge.

Hartman, William E. and Marilyn A. Fithian. 1972. *Treatment of sexual dysfunction: A bio-psycho-social approach*. Long Beach: Center for Marital and Sexual Studies.

K

Kempadoo, Kamala and Jo Doezema, eds. 1998. *Global sex workers: Rights, resistance, and redefinition*. New York and London: Routledge.

Kinsey, Alfred C., Wardell B. Pomeroy, Clyde E. Martin, and Paul H. Gebhard. 1948. *Sexual behavior in the human male*. Philadelphia and London: W. B. Saunders Company.

———. 1953. *Sexual behavior in the human female*. Philadelphia and London: W. B. Saunders Company.

Kirby, Douglas. 2007. Abstinence, sex, and STD/HIV education programs for teens: Their impact on sexual behavior, pregnancy, and sexually transmitted disease. *Annual reviews of sex research* 18: 143-177.

Komisaruk, Barry R., Carlos Beyer-Flores and Beverly Whipple. 2006. *The science of orgasm*. Baltimore: John Hopkins University Press.

Koyama, Emi. 2006. Whose feminism is it anyway?: The unspoken racism of the trans

inclusion debate. [Stryker & Whittle 2006: 698-705]

L

Law, Lisa. 2000. *Sex work in southeast Asia: The place of desire in a time of AIDS.* London and New York: Routledge.

Leigh, Carol. 1997. Inventing sex work. In *Whores and other feminists*, ed. Jill Nagle, 225-231. New York: Routledge.

LeVay, Simon. 1991. A Difference in hypothalamic structure between heterosexual and homosexual men. *Science* 253 (5023): 1034-1037.

M

Myerson, Marilyn, et al. 2007. Who's zoomin' who?: A feminist, queer content analysis of "interdisciplinary" human sexuality textbooks. *Hypatia: A journal of feminist philosophy* 22 (1): 92-113.

McIlvenna, Ted ed. 1999. *The complete guide to safer sex*, 2nd edition. New York: Barricade Book.

Money, John. 1995. *Gendermaps: Social constructionism, feminism, and sexosophical history.* New York: Continuum.

Moser, Charles. 1999. *Health care without shame: A handbook for the sexually diverse and their caregivers.* San Francisco: Greenery Press.

N

National Sex Forum. 1975. *Sexual Attitude Restructuring guide for a better sex life.* San Francisco: National Sex Forum.

R

Richardson, Justin, and Mark A. Schuster. 2003. *Everything you never wanted your kids to know about sex (but were afraid they'd ask).* New York: Three River Press.

Reiss, Ira L. 1990. *An end to shame: Shaping our next sexual revolution.* New York: Prometheus Books.

———. 2006. *An insider's view of sexual science since Kinsey.* Lanham: Rowman and Littlefield.

Ross, Ellen and Rayna Rapp. 1981. Sex and society: A research note from social history and anthropology. *Comparative study of society and history* 23 (1): 51-72.

Roughgarden, Joan. 2004. *Evolution's rainbow: Diversity, gender, and sexuality in nature and people.* Berkeley, Los Angeles and London: University of California Press.

Rubin, Gayle. 1975. The traffic in women: Notes on the political economy of sex. In *Toward*

an anthropology of women, ed. Rayna R. Reiter, 157-210. New York: Monthly Review Press.

S

Sanders, Douglas. 2005. Flying the rainbow flag in Asia. In *Permanent archive of sexualities, genders, and rights in Asia: 1st international conference of Asian queer studies.* <http://bangkok2005.anu.edu.au/papers.php>.

Stoller, Robert. J. 1964. A Contribution to the study of gender identity. *International journal of psychoanalysis* 45: 220-226.

Strong, Bryan et al. 2002. *Human sexuality: Diversity in contemporary America,* 4th edition. Boston and other places: McGraw-Hill.

Stryker, Susan. 2006. (De)subjugated knowledges: An introduction to transgender studies. [Stryker & Whittle 2006: 1-17]

——— and Stephen Whittle, eds. 2006. *The transgender studies reader.* New York and London: Routledge.

———. 2008. *Transgender history.* Berkeley, CA: Seal Press.

T

Taormino, Tristan. 1998. *The ultimate guide to anal sex for women.* San Francisco: Cleis Press.

Taylor, Clark L. and David Lourea. 1992. HIV prevention: A dramaturgical analysis and practical guide to creating safer sex interventions. *Medical Anthropology* 14 (2-4): 243-284.

V

Vandervoort, Herbert E. and Ted McIlvenna. 1975. Sexually explicit media in medical school curricula. In *Human sexuality: A health practitioner's text*, ed. Richard Green. Baltimore: The Williams and Willkins Company.

Valentine, David. 2007. *Imagining transgender: An ethnography of a category.* Durham and London: Duke University Press.

W

WHO. 2006. *Defining sexual health: Report of a technical consultation on sexual health* (28-31 January 2002, Geneva). Geneva: World Health Organization. <http://www.who.int/reproductive-health/gender/sexualhealth.html>

Wiederman, Michael W. and Bernard E. Whitley, Jr. eds. 2002. *Handbook for conducting research on human sexuality.* Mahwah, NJ: Lawrence Erlbaum Associates.

Williams, Linda. 1999. *Hard core: Power, pleasure, and the frenzy of the visible*. Berkeley: University of California Press.

『クィア・セクソロジー』初出

本書は、下記に掲載したエッセイに大幅に加筆修正したものと、書き下ろしからなっている。

財団法人日本性教育協会
　『現代性教育研究月報』第23巻第4号（2005）～第26巻第9号（2008）
医学書院
　『公衆衛生』第71巻第9号（2007）～第72巻第8号（2008）

著者紹介

中村美亜（なかむら・みあ）

アメリカのサンフランシスコにかつて存在した専門職大学院（The Institute for Advanced Study of Human Sexuality）で性科学を学ぶ。2003年に帰国後、NPO法人ぷれいす東京の活動協力をはじめ、男女共同参画センターやセクシュアル・マイノリティ関連施設でのワークショップ、性教育の教員対象セミナー、中学・高等学校での講演などに携わった。『心に性別はあるのか？』（医療文化社、2005）など、ジェンダーやセクシュアリティに関する著作多数。

現在、九州大学大学院芸術工学研究院教授。専門は文化政策、アートマネジメント研究（社会包摂、ケア、価値と評価）。訳書に『芸術文化の価値とは何か』（水曜社、2022年）、編著に『文化事業の評価ハンドブック』（水曜社、2021年）、単著に『音楽をひらく』（水声社、2013年）など。日本文化政策学会、アートミーツケア学会理事。日本評価学会認定評価士。

クィア・セクソロジー
性の思いこみを解きほぐす

2008年 10月10日　第1刷発行
2010年　9月20日　第2刷発行
2013年 10月10日　第3刷発行
2025年　8月10日　第4刷発行

著　者；中村美亜

装　幀；田中 実

カバー作品・本文イラスト；渭東節江

発行人；川満昭広

発　行；株式会社インパクト出版会
113-0033 東京都文京区本郷 2-5-11 服部ビル
Tel 03-3818-7576　Fax 03-3818-8676
https://www.impact-shuppankai.com/
郵便振替　00110-9-83148

印刷・製本　モリモト印刷

インパクト出版会の本

トランスジェンダー・フェミニズム

田中玲 著　四六判上製 174 頁　1600 円＋税
2006 年 3 月刊
私は「男になりたかった」のではない。「女ではない」身体が欲しかっただけだ——フェミニズムとの共闘へ。性別／婚姻／戸籍制度、異性愛主義について、クィアコミュニティの深部から放つ爽快なジェンダー論。【好評 3 刷】
ISBN 978-4-7554-0156-5

ムーヴ　あるパフォーマンスアーティストの場合

イトー・ターリ 著　A5 判上製 216 頁　2200 円＋税
2012 年 12 月刊
ありのままのわたしを行為する。身体表現の世界へ飛び込み単身海外へ、日本のパフォーマンスアート草創期、アメイジングな女性たちの時代を体現してきたパフォーマンスアーティスト、イトー・ターリ初の写真エッセイ集。全文英語並記。
ISBN 978-4-7554-0231-9

記憶のキャッチボール　子育て・介助・仕事をめぐって

青海恵子・大橋由香子 著　A5 判上製 206 頁　2200 円＋税
2008 年 5 月刊
共通点、女で子持ち。違いは、身体に「障害」のあるなし——揺り起こされる子育ての記憶。それぞれの場の日常から見える社会のありよう、産む／産まない／産めない女を線引きするもの。細やかなやりとりで紡がれる往復書簡。
ISBN 978-4-7554-0184-8

かけがえのない、大したことのない私

田中美津 著　四六判並製 358 頁　1800 円＋税　2005 年 10 月刊
名著『いのちの女たちへ』を超える田中美津の肉声ここに！ 解説・鈴城雅文
［目次］1 章・火を必要とする者は、手で掴む／2 章・身心快楽の道を行く／3 章・花も嵐も踏み越えて／4 章・馬にニンジン、人には慰め／5 章・〈リブという革命〉がひらいたもの／6 章・啓蒙より共感、怒りより笑い　ミューズカル〈おんなの解放〉　【好評 4 刷】
ISBN 978-4-7554-0158-5

北原恵 著

アート・アクティヴィズム

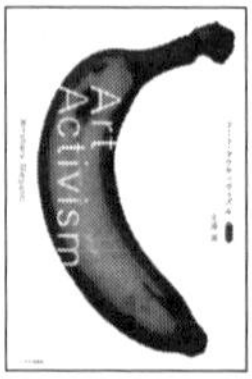

A5 判並製 208 頁　2300 円＋税　1999 年 3 月刊
街を駆けめぐるゲリラ・ガールズのポップで過激なアート、移民、カラード、レズビアンのカウンターアート、女によるペニスの表象——ジェンダーの視点で男性社会を鋭く狙撃するアート批評。ISBN 978-4-7554-0085-8

撹乱分子＠境界　アート・アクティヴィズム II

A5 判並製 254 頁　2500 円＋税　2000 年 1 月刊
男／女、西洋／東洋、公的／私的、支配／被支配、ハイアート／ローアート、越境する者／越境できる者／越境される者——あらゆる「境界」上において撹乱を企てるアーティストたちの世界。ISBN 978-4-7554-0091-9